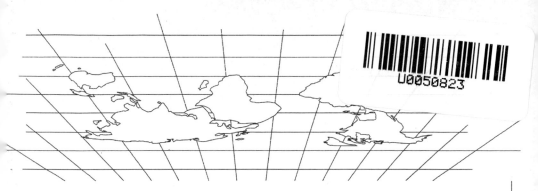

# 全球化下的後殖民省思

李英明◎著

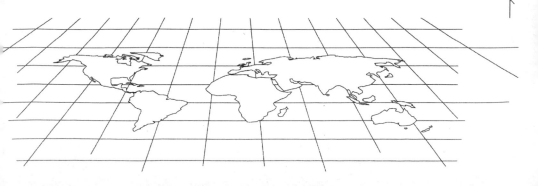

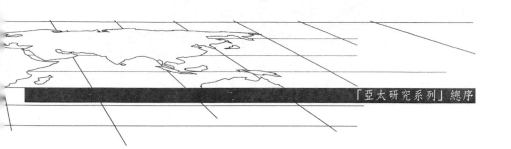

# 「亞太研究系列」總序

　　「二十一世紀是亞太的世紀」，這句話不斷地被談起，代表著自信與驕傲。但是亞太地區絕非如此單純，未來發展亦非一定樂觀，它的複雜早已以不同形態呈現在世人面前，在開啓新世紀的同時，以沉靜的心境，深刻的瞭解與解決亞太區域的問題，或許才是我們在面對亞太時應有的態度。

　　亞太地區有著不同內涵的多元文化色彩，在這塊土地上有著天主教、基督教、佛教、回教等不同的宗教信仰；有傳承西方文明的美加澳紐、代表儒教文明的中國、混合儒佛神教文明的日本，以及混雜著不同文明的東南亞後殖民地區。文化的衝突不止在區域間時有發生，在各國內部亦時有所聞，並以不同的面貌形式展現它們的差異。

　　美加澳紐的移民問題挑戰著西方主流社會的民族融合概念，它反證著多元化融合的觀念只是適用於西方的同文明信仰者，先主後從、主尊客卑、白優黃劣仍是少數西方人面對東方移民時無法拋棄的心理情結。西藏問

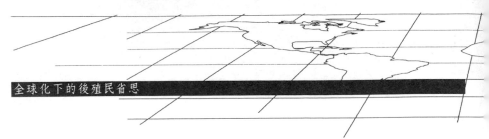

題已不再是單純的內部民族或政經社會議題，早已成為國際上的重要課題與工具。兩岸中國人與日韓三方面的恩怨情仇，濃得讓人難以下嚥，引發的社會政治爭議難以讓社會平靜。馬來西亞的第二代、第三代，或已經是第好幾代的華人，仍有著永遠無法在以回教為國教的祖國裡當家作主的無奈，這些不同的民族與族群問題，讓亞太地區的社會潛伏著不安的危機。

　　亞太地區的政治形態也是多重的。有先進的民主國家；也有的趕上了二十世紀末的民主浪潮，從威權走向民主，但其中有的仍無法擺脫派系金權，有的仍舊依靠地域族群的支持來建構其政權的合法性，它們有著美麗的民主外衣，但骨子裡還是甩不掉威權時期的心態與習性；有的標舉著社會主義的旗幟，走的卻是資本主義的道路；有的高喊民主主義的口號，但行的卻是軍隊操控選舉與內閣；有的自我認定是政黨政治，但在別人眼中卻是不折不扣的一黨專政，這些就是亞太地區的政治形態寫照，不同地區的人民有著不同的希望與訴求，菁英份子在政治格局下的理念與目標也有著顯著的差異，命運也有不同，但整個政治社會仍在不停的轉動，都在向「人民為主」的方向轉，但是轉的方向不同、速度有快有

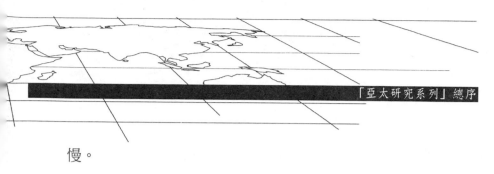

慢。

　　亞太地區各次級區域有著潛在的軍事衝突,包括位於東北亞的朝鮮半島危機;東亞中介區域的台海兩岸軍事衝突;以及東南亞的南海領土主權爭議等等。這些潛在的軍事衝突,背後有著強權大國的利益糾結,涉及到複雜的歷史因素與不同的國家利害關係,不是任何一個亞太地區的安全機制或強權大國可以同時處理或單獨解決。在亞太區域內有著「亞太主義」與「亞洲主義」的爭辯,也有著美國是否有世界霸權心態、日本軍國主義會否復活、中國威脅論會否存在的懷疑與爭吵。美國、日本、中國大陸、東協的四極體系已在亞太區域形成,合縱連橫自然在所難免,亞太地區的國際政治與安全格局也不會是容易平靜的。

　　相對於亞太的政治發展與安全問題,經濟成果是亞太地區最足以自豪的。這塊區域裡有二十世紀最大的經濟強權,有二次大戰後快速崛起的日本,有七〇年代興起的亞洲四小龍,二〇年代積極推動改革開放的中國大陸,九〇年代引人矚目的新四小龍。這個地區有多層次分工的基礎,有政府主導的經濟發展,有高度自由化的自由經濟,有高儲蓄及投資率的環境,以及外向型的經

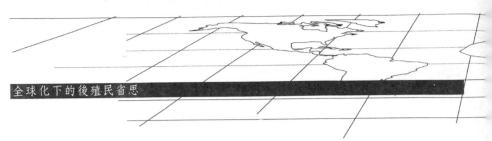

濟發展策略，使得世界的經濟重心確有逐漸移至此一地區的趨勢。有人認為在未來世界區域經濟發展的趨勢中，亞太地區將擔任實質帶領全球經濟步入二十一世紀的重責大任，但也有人認為亞洲的經濟奇蹟是虛幻的，缺乏高科技的研究實力、社會貧富的懸殊差距、環境的污染破壞、政府的低效能等等，都將使得亞洲的經濟發展有著相當的隱憂。不論如何，亞太區域未來經濟的發展將牽動整個世界，影響人類的貧富，值得我們深刻的關注。

在亞太這個區域裡，經濟上有著統合的潮流，但在政治上也有著分離的趨勢。亞太經合會議（APEC）使得亞太地區各個國家的經濟依存關係日趨密切，太平洋盆地經濟會議（PBEC）、太平洋經濟合作會議（PECC），也不停創造這一地區內產、官、學界共同推動經濟自由與整合的機會。但是台灣的台獨運動、印尼與東帝汶的關係、菲律賓與摩洛分離主義……使得亞太地區的經濟發展與安全都受到影響，也使得經濟與政治何者為重、群體與個體何者優先的思辨，仍是亞太地區的重要課題。

亞太地區在國際間的重要性日益增加，台灣處於亞

太地區的中心，無論在政治、經濟、文化與社會方面，均與亞太地區有密切的互動。近年來，政府不斷加強與美日的政經關係、尋求與中國大陸的政治緩和、積極推動南向政策、鼓吹建立亞太地區安全體系，以及擬將台灣發展成亞太營運中心等等，無一不與亞太地區的全局架構有密切關係。在現實中，台灣在面對亞太地區時也有本身取捨的困境，如何在國際關係與兩岸關係中找到平衡點，如何在台灣優先與利益均霑間找到交集，如何全面顧及南向政策與西向政策，如何找尋與界定台灣在亞太區域中的合理角色與定位，也是值得共同思考的議題。

「亞太研究系列」的出版，表徵出與海內外學者專家共同對上述各類議題探討研究的期盼，也希望由於「亞太研究系列」的廣行，使得國人更加深對亞太地區的關切與瞭解。本叢書由李英明教授與本人共同擔任主編，我們亦將極盡全力，爲各位讀者推薦有深度、有分量、值得共同思考、觀察與研究的著作。當然也更希望您們的共同參與和指教。

張亞中

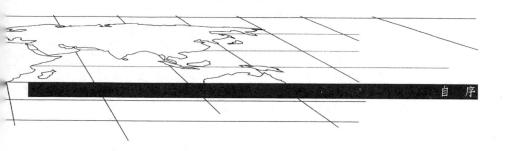

# 自 序

　　毫無疑問的，全球化已經成為當今實務界與學術界討論的熱門話題，伴隨著全球化而來的種種問題也成為人們關注的焦點，「全球化熱潮」成為一個時代現象，各式各樣的全球化理論或相關論述相繼出現，人類生活的各個範疇皆無可避免的被捲入全球化這個大架構下。然而，我們必須體認到，全球化對人們所帶來的衝擊，不僅僅只是表現在一般日常現實生活上，它更徹底的顛覆／解構了人們傳統的思維模式與生活型態，讓人們由現代走向後現代的同時，也必須接受全球化所帶來對本體論、知識論以及方法論上的顛覆與揚棄。

　　在全球化架構下，傳統的國際政治受到挑戰與質疑，現代主義企圖建立的系統化／一體化價值論述更被消解於無形，東西方之間長久以來被視為二元對立的認知圖像，也被特殊／普遍現象的共生發展概念取代而轉換成一種辯證共生的關係。世界體系論述中明確的核心／邊陲觀念被多核心／多邊陲的歷史發展所取代，整個世界圖像的認知與建構不能再依循傳統的思維邏輯來找

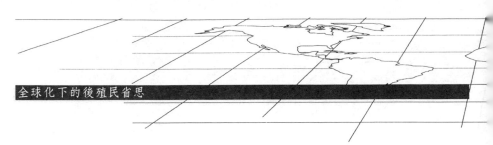

到答案，一種辯證的世界觀／歷史觀／發展觀成為全球化時代下讓我們重新尋得自我定位與認同的新邏輯。在這種邏輯思維下，傳統的核心／邊陲與東方／西方甚至是單線的我者／他者的對立和因果發展關係必須被揚棄，我們必須以新的思考模式來看待自身的處境／位置，同時也用來看待身邊事物的發展變化。

　　全球化時代發展下，不只是人與人或國與國之間的界限被打破，人自己內心的時空定位也面臨重組／重構的困境，伴隨著「千里一瞬」、「天涯咫尺」空間概念而來的是人我之間關係的再確認，一個在美國工作的電腦工程師，他該認同的是美國公司的職務或是中國人的身分？一對異國聯姻所生下來的移民第二代，他的認同問題又該如何解決？當國內導演拍出文化氣息濃厚的本國電影，不被國內觀眾喜好卻為西方所認同並揚威海外的同時，我們應該讚揚導演努力將本國文化介紹給西方認識的精神，還是批判導演崇洋媚外的後殖民心態？當我們的孫悟空經過重新詮釋而變成日本的七龍珠；日本的道明寺與杉菜經過戲劇包裝成為台灣時下青年的新偶像時，彼此之間是否還分得清誰是誰？諸如此類的種種看似矛盾迷離、但卻十分耐人尋味的現象，都是全球化架

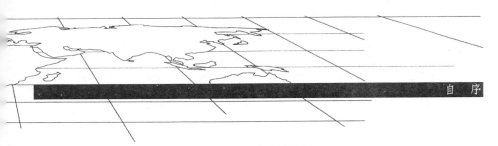

構下所產生並且值得我們思考的課題。

　　本書即是著眼於上述幾個觀點，由全球化的知識論與方法論角度下手，來分析在全球化下我們應當如何看待人類處境的問題，同時針對以文化思想為主要訴求的後殖民理論做出反思，探討在全球化架構下後殖民論述的實際應用與應該面對的幾個論述上的盲點，匆促之間難免有思慮不周之處，還望前輩先賢不吝指正。本書得以順利出版，要感謝揚智文化事業公司葉忠賢兄以及孟樊兄的願意出版，也感謝賴皆興同學的整理校正。學海無涯，面對全球化這一新興議題，我只能將自己一點小小心得就正於諸位方家，願以野人獻曝之舉，收得拋磚引玉之效，這才是我所衷心企盼的。

李英明

序於木柵

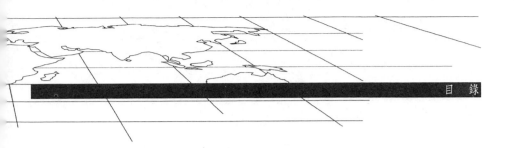

# 目　錄

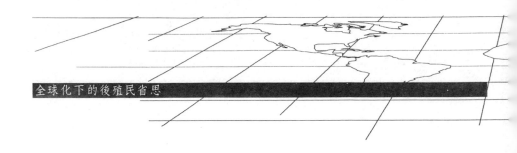

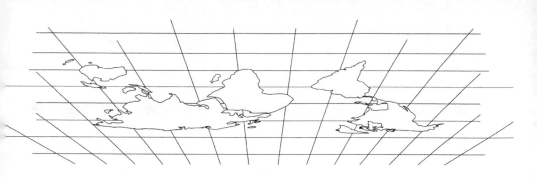

# 第一章

## 全球化的背後：

## 本體論與知識論初探

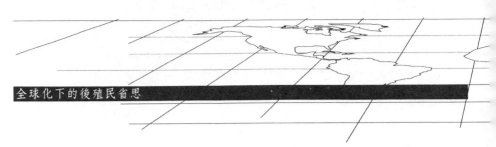

「全球化」作為一個議題，其被討論的熱潮與強度正方興未艾，而作為人的生活或生命體驗或經驗的環節，它正在改變人的時空觀、本體論、認識論以及在這三個向度制約下的方法論的變化，全球化對人類生活的衝擊，不但是物質層面的，還包含心理認知和思考層面。

# 全球化：一個新典範的出現

從人類在歷史發展的過程和邏輯來看，全球化是繼民族化、國家化以及「民族國家化」後湧現的一個新現象。它正在揚棄民族和國家界限，將人類帶往「第二個現代化」的方向發展[1]。傳統伴隨著西方啟蒙運動而來的現代性，是與民族／國家的形成發展相聯繫的，這是以領土為取向的現代性，我們可稱為「第一個現代化」；而目前，第一個現代所孕育的動能必須通過跨領土界限的介面來進行，其途徑、方式甚至屬性內涵，也將因此出現變化，從而進入「第二個現代化」的階段。

傳統以領土為取向，或者說「領土典範」是第一個

現代化過程中所形塑的社會科學的後設基礎；而去領土化或跨國典範則是第二個現代化過程中社會科學的基礎[2]。從領土典範出發，在場現地的經驗或體驗是社會科學建構或論述的基礎；但是非現地化的不在場經驗化體驗則是跨國典範所要求的作為社會科學的新的基礎。跨國的不在場體驗或經驗，會更大比例的成為人的生命和生活的重心或環節，這種經驗或體驗不是「身體力行」式的勞動、互動或是實踐的結果，而是在去身體化的方式下來進行的。社會科學的建構和論述不必然要在直接的感官經驗或身心體驗的基礎上才成為可能。領土取向的空間，雖然是狹隘侷限的，但卻是相對具有確定性的；而跨國取向的空間，雖然是相對寬廣且無限延伸，但卻是浮動不確定和相對的。傳統的社會科學要求現地的在場經驗，基本上是以「一人一地」的邏輯為基礎，而跨國典範則允許社會科學可以在去現地化的基礎上，以「一人多地」的方式來進行[3]。立即，從一個人一個空間向一個人多個空間的轉變，是社會科學從領土典範向跨國典範轉變的最具體的表徵。而這樣的空間，既然不是由領土和現地經驗來界定，就轉而由資本、市場、科技甚至文化力量等來界定，這種空間呈現多向度而且相互

糾纏的狀況。

　　人類不再是通過領土所規定的界限以及由此所提供的管道來進行對外在世界的體驗，而是通過諸如資本、市場、科技甚至是文化力量等來在實存世界中勞動實踐，它們提供人們多向度的勞動實踐管道，從而也讓人們彼此之間形成交互組合的、複雜的交往互動和溝通網絡，這些網絡不只成為空間的支柱，而且也成為空間的實質屬性的內涵；因此，空間對人而言，成為多層次、多向度領域交叉組合的生命背景（context）。這種背景脈絡，一方面當然存在語言、文化、經濟和科技方面的種種限制和區隔，但另一方面又跨越了這些限制和區隔；當然，更不用說，它跨越了地理的界限。

　　長期以來，國家和社會做為人們生活空間，兩者之間通過領土界限被認為是可以合一的；但其實，人們的交往互動和溝通網絡往往會突破領土地理界限，而使社會的運作範圍經常跨越國家界限，因此兩者其實不見得是合一的。而在全球或世界範圍內的交往互動和流通，則使「社會」不能再侷限在領土範圍內，更進一步跨越國家；當然，這樣的社會，不再是以領土為取向，而屬於一個現代化意義的社會。不過，反過來以社會產生於

功能分化的角度來看，從以領土為取向的社會向跨領土
界限的全球或世界社會的發展，代表著功能分化的力度
已經從領土範圍向全球或世界範圍滲透和擴散。

　　總的來說，資本、市場、科技甚至是文化力量等的
跨國界的發展，已經形塑了一個跨國界的巨大的人的勞
動實踐或生活的背景脈絡，這個脈絡既不會消除國界，
但也不是以領土為取向的不同國家或社會加總的總和；
它允許展現不同的「國家」或「社會」的特質，但不屬
於任何國家或社會。而且，它不只作為個人或各種行動
體進行勞動實踐的載體，而且也作為一個參考或對比框
架而存在。更重要的是，在這個以全球為取向的大背景
脈絡中，真實和虛擬相互滲透，互相支撐，在真實中有
虛擬，虛擬中又有真實，呈現虛擬與真實的辯證結合現
象。而在這種結合中，人的直接立即的感官經驗被替
代，必須通過包括資訊和傳輸科技等作為介面，而被轉
換或以不同的形式呈現。

　　現地或在地的行動實踐或體驗，是在全球這個大載
體中進行；所以行動實踐或體驗的跨現地的或全球的意
義，對被關注或被注意，會變成愈來愈自然平常；亦即
個體行動實踐的「普遍化」意義的掌握認知，變成是知

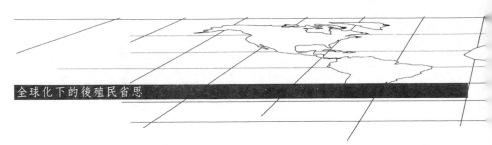

識形成過程中必要的邏輯，而這是一種行動實踐從特殊到普遍的過程。在全球大載體中行動實踐，必須面對承接這個大載體所呈現的結構制約力，從而將這種結構制約所具有的「普遍化」趨力以行動體的個別同時也可以稱爲特殊的行動或實踐方式加以轉化，這是「普遍的特殊化」或從普遍往特殊的發展向度；從普遍的特殊化到特殊的普遍化，在以全球爲載體的人或行動體的行動實踐中辯證的結合起來。在這個結合中，不存在到底是全球這個大載體的結構制約力大還是個人或行動體的行動實踐力大的問題，前者是個人或行動體的行動實踐之所以可能的場域，而後者則進一步發展前者作爲行動實踐場域的內涵，因此兩者是相互滲透、互相支持、互相保證的。總的來說，全球化的發展以及因此所形塑的全球大載體的存在，使從普遍到特殊以及特殊到普遍，或者是普遍的特殊化以及特殊的普遍化，更具象的成爲個人或行動體行動實踐的現實。

而從上述的邏輯再推演下去的是，直線的因果觀就必須被結構的因果觀所替代；或者講得再細一點，網絡式的因果觀可能將成爲掌握分析現象或事件的基礎。結構因果觀揚棄了彈子撞球式的直線推論邏輯，跳出了化

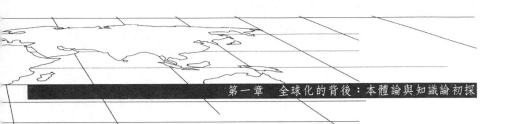

約的困境，讓研究分析回歸現實的複雜性。直線因果
觀，將原因視爲獨立於結果之外，而且具有絕對權威的
範疇，這是一種外在主義的因果觀；而結構的因果觀，
則將因／果都視爲同時存在於結構內的兩個範疇，由因
到果的發展，就代表著結構的變化與轉換，而不只是因
／果兩個範疇間單純的關係而已，這種因果觀是一種內
在主義的因果觀。雖然結構的因果觀，讓研究分析可以
從化約回歸到複雜的現實，但是對於結構的內涵，其實
仍然很容易陷入概括化約的困境中，突出諸如政治、經
濟、文化或意識型態領域的制約作用，而這些領域是被
概括區別出來的，它們彼此之間雖然可以相互作用，但
是又彼此具有界限。而網絡的因果觀，強調個人或行動
體只是作爲一個節點（node），這些節點不只是通過歷時
性的階段，而且也通過共時性的方式相互串聯，它們之
間的因果關係可以是一直線的、多線的拋物線式的或者
是幾種方式同時並存。甚至呈現多因一果、一因多果、
果中有因、因中有果或循環因果的觀察。如此，可能會
讓人更混亂的是，也有可能出現似因非因、似果非果以
及互爲因果的現象。

　　伴隨此而來的是時間觀念的丕變，直線的、歷時性

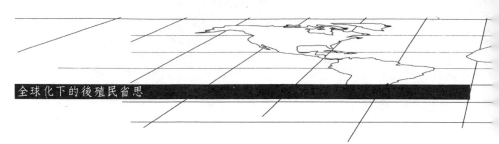

的時間觀，被拋物線式的、多維多介面式的時間觀所替代，而通過此時間觀改變而來的是，對於傳統因果觀造成巨大的衝擊。在新的時間脈絡中，或許更會存在多重的因果關係，通過垂直面、水平面、縱切面、橫切面甚至多切面，構成一個因果關係網；這也許可稱為一個因緣和合的網絡圖景，而在這個因果關係網絡中，地理界限、膚色、種族、語言、文化的界限被跨越，但各自的特色不會被取消，反而會通過這種因果關係網被認知以及在各擁有特色的前提下被串連起來；亦即，這個因果關係網絡提供了一個擴張的介面和通道，讓各自的特色能夠儘可能的被廣為週知。

從結構面向來進行分析，經常會陷入客觀結構決定論的困境中，把結構視為是獨立於人或行動體之外的客觀實體，然後這個客觀實體會如泰山壓頂般的制約影響人或行動體；這種分析途徑把結構和人或行動體的關係看成是一種異化的關係；我們可以稱之為「外在主義的結構分析」，這種分析把結構的內在複雜性加以化約，而且把人或行動體排除在結構之外；因此，整個分析經常陷入背離現實的嚴重困境之中，而為了糾正這種偏失，結構分析就會往內在主義的方向轉折，把結構既視為客

觀實體也視爲世人或行動體從事行動和實踐的場域，甚
至更進一步將結構和人或行動體之間視爲是一種辯證的
結合關係。不過，內在主義的結構分析對研究者而言，
是一種巨大的壓力，因爲，結構的內在複雜性總是超越
研究者所提出的研究途徑或方法之外，因此，爲了克服
這種壓力和困難，研究者就必須強調或凸顯結構中的某
些因素或向度或領域的重要性，宣稱它們會起主要或重
要的促進或影響作用；這種強調或宣稱其實也算是一種
化約，仍舊可以成爲「必要的」化約。但是，歷史和結
構的複雜現實性，總是會催促著人們必須不斷從化約中
解放出來，嚴肅的面對歷史和結構的複雜現實性。

　　從跨國典範來看，全球才算是唯一的結構；而這個
結構又涵蓋了許多次級的、交錯的結構，從而也不斷甚
至時時刻刻形塑出不同形狀和樣態的結構；所謂的「全
球」或「世界」就通過這些不斷在重塑或重組的結構而
呈現出來。「全球」或「世界」作爲這些結構操作運作
的載體；但是反過來，「全球」或「世界」也必須通過
這些結構的操作或運作而具有內涵和意義。如果再緊扣
著上述的因果關係的分析，我們可以說，結構是通過網
絡狀的因果關係呈現的，而順著這種邏輯推下去，我們

可以說,「全球」或「世界」是通過網絡狀的因果關係網呈現在我們面前的。

以領土為範圍的結構對研究者而言,都已是巨大的壓力,而進一步放大到全球範圍的結構,對研究者更是沈重的壓力。研究者必然會面對更嚴峻的方法論和研究途徑的革命性衝突。

從結構面向出發來研究,雖然存在著化約或無法盡括結構複雜性的問題;但無論如何,存在著把被研究對象加以放大,與總體的歷史和因果關係網絡相結合的意圖,由客觀總體結構來觀照個人或行動體;這種「從總體看個體」或「由大看小」的研究分析途徑,強調個人或行動體的存有基礎或行動實踐基礎的重要性,而相對的不重視個人或行動體做為主體的回應,特別是心理的或所謂的「理性的」回應。對照上述這種研究分析途徑,可以反過來變成「從個體看整體」、「由小看大」,強調個人或行動體的選擇或所謂的理性計算的重要性;不過,在這麼做的時候,其實也很容易是一種化約,其結果不只是將總體的複雜性化約,還會將個人或行動體的行動或實踐加以化約,變成只是所謂純粹「理性」的選擇或計算。

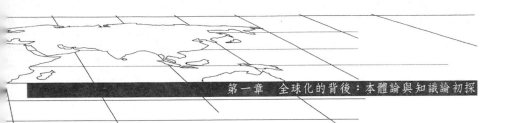

　　其實個人和行動體所處的結構位置以及與之相隨的身分認同，會影響其理性的選擇或計算；理性的選擇或計算雖然有其基本的原則，可是其表現方式卻可以因個人或行動體的結構位置與身分而用不同方式加以呈現；當結構的範圍從實體社群、領土界限向跨國發展，以及從實體世界向虛擬世界轉換，甚至出現真實與虛擬相互滲透結合的時候，個人或行動體所具有的結構位置與身分，變成是多層次和多面向的；因此，也就增加選擇或計算的複雜性甚至是難度。亦即，人或行動體對於「我是誰」或「我到底位於何處或位置」等作為行動實踐基礎的這兩個基本問題的回答，其所需要的參考介面和座標可能更形多元和複雜。從個人或行動體到全球，其中交錯著許多不斷重組的大大小小、不同樣態的結構和因果關係網絡；而在個人或行動體到全球之間的放大或回縮擺盪穿梭之際，其實我們真實感受到「一即一切」、「一切即一」的道理，因為由個人或行動體通過交錯的結構和因果關係網絡會成就作為大千世界的「全球」。

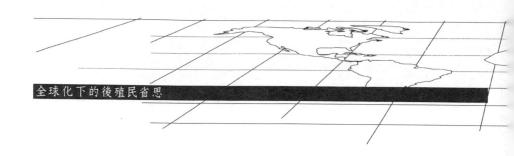

# 人向全球的復歸

　　「全球」其實已不是一個地理、物理或純粹實體的範疇，它代表著個人或行動體繼承行動實踐所賴以成為可能的臨界場域；而這也意味著，必須「從全球中來」，然後我們才可能進行選擇和計算，而重新不斷「到全球中去」。更重要的是，在虛擬向度或介面的不斷被開拓，「全球」更漂浮起來，超越既有的地理、物理和實體限制；因此，從人或行動體的行動實踐來看，它更代表著行動實踐可以不斷跨越框架界限的潛能和動量。

　　而從另一個角度來看，從人類歷史的發展來看，整個歷史可說是人類逐步跨越各種文字、語言、文化、地理、族群界限，並以更大範圍，甚至全球為生命實踐的過程；在漫長的歷史過程中，人通過種種文字、語言、地理、文化、族群界限，阻隔了人與全球的關係，而通過資本、市場、經濟、宗教與科技等作為介面，人又跨越了種種界限，逐步能與全球串聯，並以全球為生命實

踐的場域；這種發展，一方面可說是一種進化或進步，但是另一方面也可以說是一種人向全球的復歸；講得細一點，全球本來就是人生命實踐的原鄉，可是人要復歸這個原鄉，卻是步履蹣跚，歷經波折、艱辛與災難。

　　人在復歸全球化這個原鄉的過程中，在某種意義上，當然代表著空間的壓縮[4]；但是在另一方面，更代表著空間的多元分殊化；而適應這種空間格局的變化而來的是，人的感官經驗的能力和屬性也必須隨之演化和轉換。因為空間的壓縮或多元分殊化，也代表著人的感官經驗甚至整個生命實踐能力的轉換或進化，而這更意謂著人作為人的內在能力和屬性的變化，不斷迎向以全球作為實踐場域的生命格局；其實，從另一個角度來看，人在復歸全球這個原鄉的過程，也代表著全球向人的復歸，全球在人的生命實踐中呈現；這不只代表著人的命運與全球直接關聯、人的思維意識的方式與邏輯受到全球框架的制約，以及生命實踐格局通過全球來呈現，同時也代表著全球是通過人的生命實踐的串聯才成為可能。個人或行動體一方面成為串起全球的個別節點而具有特殊性，一方面又作為其他節點之所以能串聯的介面或中介，從而具有普遍性。

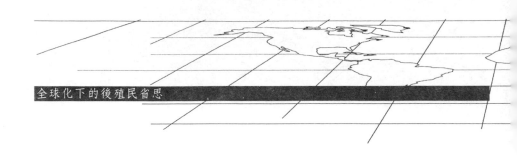

# 建構或實存的全球化迷思

從西方的歷史來看，在中世紀後，通過世俗化（secularization）運動，不只區隔了政治與宗教，使宗教不能再成為政治認同的憑藉，而且也強調人必須回歸所謂的理性，通過對事物的觀察、分析或計算去掌握外在世界或操作個人或行動體的生命實踐。這種世俗化的發展，也被解釋成人的現代化或人群集團的現代化。而更重要的是，這種世俗化被解釋成與近代以科技發展為主體的文明發展直接關聯起來；通過這些詮釋建構，西方相對於非西方的優越意識昂揚，東方主義（orientalism）論述也隨之被建構[5]；而與東方主義論述的建構相配套的是，種種奠立在世俗化運動的基礎上並以西方為取向或中心的現代化論述或其他大論述於焉出現。這些大論述的建構，宣示西方自認為對非西方的垂範或示範，是必須的而且是應該的，於是隨之而來的是，要求以西方為取向的一體化論述和實踐也被認為是必須而且是應該

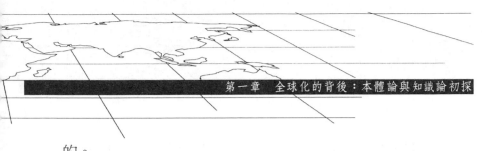

的。

　　從世俗化運動到現代化的發展及其相關大論述的建
立，不只讓西方找到垂範非西方的辯護基礎，從而也使
西方對非西方的殖民統治或帝國主義作風找到合理化的
說詞；甚至也成就在西方主導下，以西方為取向或中心
的國際政治生態格局的定位或理論建構；因為，做為國
際政治理論主流的現實主義或自由主義的論述，基本上
都把國家或其他相關行動體直接看成是進行理性計算的
經濟行為者。此外，這股從世俗化運動到相關現代化的
大論述的發展，也延伸出從資本、市場和科技向度進行
有關全球化的論述。而從這個脈絡所成就的全球化，被
認為是客觀的過程，而環繞這個脈絡所進行的全球化論
述，基本上就成為一種經濟主義並且以資本和市場為導
向的唯物式的全球化論述；當然，這種論述更可稱為經
濟自由主義的全球化論述，甚至更白一點講，可說是市
場基本教義主義式的全球化論述。

　　這種論述的主調之一，不外是要求國家或政治必須
與市場經濟聯盟；此外，更重要的是，要求國家或政治
必須「屈從」在市場資本力量之下，從而形成一種上下
從屬式的聯盟關係，以便於使資本市場力量能夠更具足

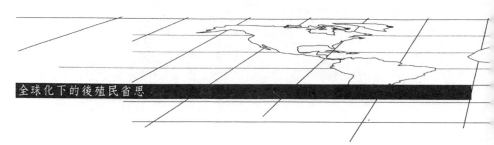

跨國界或政治的能力與條件。而因為這種論述把全球化
講成是客觀的過程,從而將經濟全球化當成是每個人或
行動體必須面對的客觀「宿命」,不能違抗或逃避;企圖
違抗或逃避是逆反潮流趨勢跟自己過不去,無異是以卵
擊石或螳臂擋車。於是,通過少數這種論述和脈絡所
「建構」的全球化,因為被強調為客觀的,因此也就宣稱
可以價值中立,不必碰觸責任和倫理相關向度的問題。
這種去責任和倫理的全球化論述,從唯物的方式去界定
了「全球」的結構格局和生態屬性,進而也制約了個人
或行動體進行行動實踐的認知和方向。亦即,我們人所
處的生活世界絕不是純粹原始的狀態,它是被建構出來;
我們在這個被建構出來的世界中從事行動實踐;當然,
我們的行動實踐可以進一步使既有的建構獲得更進一
的鞏固,或是觸動既有建構的變化。

　　上述這種經濟主義全球化的論述雖然是主流,但也
引起相當多的質疑和挑戰,從而企圖以非經濟的諸如文
化和宗教等向度,或綜合性涵括經濟和非經濟的向度去
論述全球化[6],這些相關而且互相競爭的全球化論述,都
以不同的向度或途徑界定了「全球」的結構格局和生態
屬性;這種形勢的發展,無異告訴我們,人所處的生活

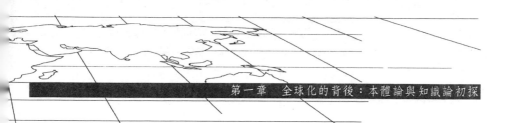

世界是一個「多元建構」的世界；不只這個世界不是純粹原始的，就連我們的感官經驗也絕不是純粹原始的，而是會隨這種建構而演化發展的。

而更重要的是，我們處在被建構的世界中，這代表著我們必須通過這些建構才能從事行動實踐，也才能貼近或進入我們的生活世界中。從多元建構中出發去行動實踐，並從多元向度或途徑去貼近或進入生活世界，這也代表個人或行動體本身就是多元世界或多元全球化的體現或化身。亦即，個人或行動體既是受「多元建構」制約的節點，同時也是承接「多元建構」的焦點。接受一元化建構的向度或途徑，可說是對個人或行動體的行動實踐的化約。諸種向度的相關論述可以對個人或行動體進行一元化或一體化的要求；但是，個人或行動體不可能只按這種向度或途徑來行動實踐，因為個人或行動體的行動實踐本來就是多元和多向度的，承接各種一元化或一體化的論述，然後可以以多元向度的方式加以呈現；亦即，一元化和多元化可以在個人或行動體的行動實踐中獲得辯證的統一，而這也就是一種現代和後現代的統一。

其實，個人或行動體在上述這種「大」的被多元建

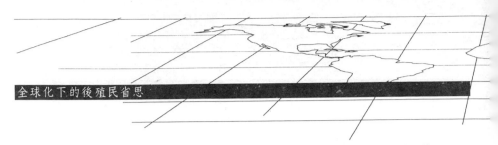

構的生活世界中展開行動實踐時，也會受通過自身行動
實踐所建構的「小」的生活世界的制約，這種制約就是
個人或行動體去承接「大」的生活世界的條件，而這種
條件讓個人或行動體能各自具有「特色」的去承接「大」
的生活世界，並展開行動實踐。就算只化約的接受某種
一元化的建構，個人或行動體還是可以各具特色的展開
其行動實踐；亦即，一元化或一體化這種「現代性」展
現建設中的標準的要求在具體的行動實踐中，會被特殊
化轉變成具有後現代意涵的多元展現。通過普遍的特殊
化建設，普遍才能得以實現；這或許可以說，一元化或
一體化的要求必須通過多元文化或特殊化的過程，才得
以實現。以後現代的方式或途徑才能呈現「現代性」，後
現代不只是作為現代之「後」，或者是向另一個現代轉折
的過渡階段。後現代是我們追求任一種形式的變化發展
或目標所必須的途徑。

　　前面曾經論及，以領土和民族國家為取向的現代化
是第一個現代化，而以跨國或全球為取向的後現代化是
第二個現代化。第一個現代化是通過領土或民族國家範
圍內的政教分離、凸顯科技或工具理性重要性、功能分
化等世俗化的操作而表現出來的，這種操作被認為可以

跨越個人、族群、階級或階層差異而具有普遍的意義，
而從這種被認爲具有普遍意義出發，出現了前述的西方
中心主義的相關現代化大論述，在強調西方垂範非西方
或現代化應該跨越國界、種族、膚色和地域差異的同
時，形成了一體化或一元化的要求；「現代化」源於西
方，並且被建構成可以垂範非西方，從而認爲，全世界
可以被建構成一體化或一元化的「現代化」世界，這是
西方世俗化運動從特殊到普遍的發展過程；而在這個過
程，非西方世界在承接時，其實都以各自具有特色的方
式或途徑來進行；亦即，也可以說是，以後現代的方式
來承接現代化的實踐；而也就在這樣的過程中，才成就
了經濟主義或資本主義市場或世俗化取向的全球化的發
展；這種全球化的發展當然還包括了西方強勢的資本市
場力量能完全主導，西方也是全球化結構中的一環。
「現代化」在普遍到特殊的過程中被多元化和特殊化，而
這些多元化和特殊化的「現代化」表現又相互滲透、相
互碰撞，出現混合交參的雜交（hybridity）現象；於是，
所謂「效率」、「功能」、「理性」和「利潤」、「利益」
的定義，都出現多元的發展趨勢或因地制宜的彈性。因
此，個人或行動體在其行動實踐歷程中，可能必須經歷

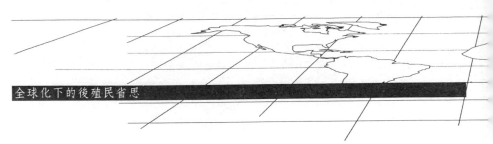

多元的、有差異的「效率」、「功能」和「理性」的定義情境。個人或行動體被「統一」在多元有差異的歷程和情境中；換句話說，就因為多元和差異的存在，個人或行動體之間才能交往互動和溝通，甚至才具有相似性或「一致性」；這是所謂第二個現代所具有的特性。在第一個現代化展現的過程中，主要是去異求同，而在第二個現代化展現的過程中，則主要是存異求同。

以後現代的方式或途徑追求現代化，基本上會讓我們揚棄第一個現代化而轉折到第二個現代化。全球化的發展或向全球化的復歸，更規定了我們必須走上述的這個方向，某個或一元的目標，必須允許通過多元的方式或途徑去呈現，這是一元或多元的辯證統一，然後可能會從而去豐富發展一元化目標的內涵，而使這個目標具有全球化的意義。

## 全球化下人的轉變

全球化對人而言，既代表著空間的壓縮，也代表著

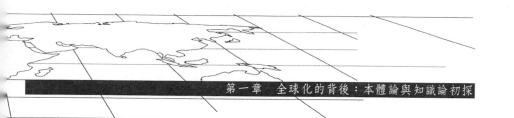

人的直接感官經驗能力的被替代，這種替代其實也可以被看成是延伸；而隨著這種發展而來的是前述的時間觀的改變。時間加空間既是人先天的感性直觀能力，但同時又受到被建構出來的生活世界的制約，亦即，作爲人先天感性直觀能力的時間和空間，其表現形式是隨著被建構出來的生活世界的變化而改變的。而隨著人的感官經驗能力的被替代和延伸，這代表著人的感官經驗不必然是必須以實體接觸爲基礎的，非實體的虛擬的過程可以是人的感官經驗的組成部分。而人的生活世界從家庭、社群、國家向全球的延伸，更代表著人的感官經驗非實體化的發展。人不可能只是通過直接的實體接觸去貼近或活在生活世界中，人必須通過非實體的虛擬的介面去延伸我們的實體接觸能力。直接的實體接觸是一種感官經驗，而非實體接觸則更是我們生活能力的表現。全球化的發展，或我們向全球的復歸，代表著我們必須通過更大程度的非實體虛擬的「經驗」去面對我們的生活世界。也許，有一天，我們直接實體接觸的經驗範圍會愈來愈小，而非實體虛擬的經驗範圍會愈來愈大，不斷突破我們自體直接有限的感官經驗能力的限制。這樣的發展，會向我們提出一個看似簡單而其實非常尷尬的

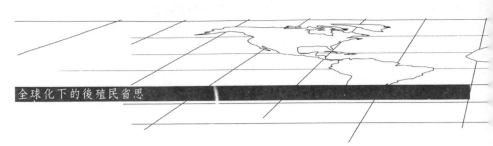
難處：感官經驗到底是什麼？只有奠立在直接感官經驗基礎上才算是「眞的」嗎？而隨著非實體虛擬的經驗範圍的逐漸擴大，「人」到底是什麼？如何重新去認知、看待和界定「人」？

　　全球化的發展，是人向全球的復歸，代表著傳統意義的「人」的質變，是一種新的、以非實體化的、虛擬經驗爲主體的「人」的出現；到頭來，現在所謂的虛擬經驗反過來會成爲「眞實的」，而人必須通過更大範圍更全面的虛擬介面去貼近活在生活世界或全球之中。更重要的是，人的非實體虛擬化，不只會讓他可以復歸或迎向全球，更可能會讓他再跨越全球，向跨越全球的方向去發展。而非實體虛擬範圍的擴大，甚至成爲「眞實的」，對於傳統的以實體爲後設基礎的本體論、方法論或知識論都將產生結構性的衝擊，我們必須嚴肅的加以面對。而值得注意的是，面對這種衝擊，我們已不太可能從以往的主體主義（subjectivism）和客觀主義（objectivism）二元劃分的途徑去進行思考或論辯。因爲連何謂主體和客體這個基本的問題，都必須被解構和重建；我們即將進入並經歷一個解構革命的時代。

# 註　釋

1 烏・貝克、哈伯瑪斯等著，王學東、柴方國等譯，《全球化與政治》，北京：中央編譯出版社，2002，頁3。

2 「跨國典範」一詞，也請參見前揭書，頁7。

3 前揭書，頁35、51-53。

4 Max L. Stackhouse & Peter J. Paris eds., *Religion and the Powers of the Common Life* (Trinity Press International), 2000, pp.53-54.

5 有關「東方主義」的分析，請參閱薩伊德著，王志弘、王淑燕等譯，《東方主義》，台北：立緒，1995。

6 Peter Berger, *Religion and Globalization* (Sage Publications, 1994), pp.14-44.

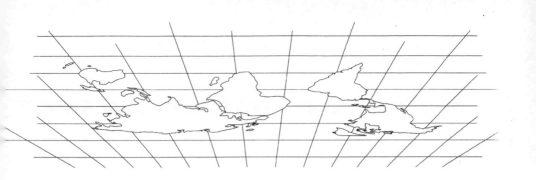

# 第二章

# 全球化時代的來臨與反思

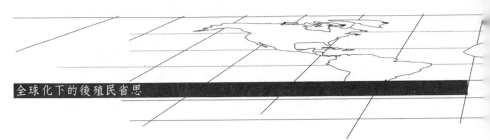

　　相信生活在現代的我們常常聽到或提到的一句話便是「這是一個全球化的時代」，的確，「全球化」（globalization）自二十世紀末發展至今，結合了科技主義和國際現實等議題，已經蔚為一股時代浪潮，各種面向／範疇的議題都與全球化脫離不了關係，成為一個新時代的顯學。然而在這種政治、經濟、社會、文化都逐漸走向「全球化」的同時，我們或許更要回過頭來重新思考到底「何謂全球化」？全球化究竟只是一個暫時的過渡現象，還是一個新的階段；是一個長期性的歷史階段還是短暫的歷史現象；而全球化的發生／形成對我們的生活世界又產生何種影響？

　　由國際／全球的觀點來看，全球化的形成已經使國際政治現實逐漸走向一種「多元化」和產生「治理」格局，不管是經濟全球化或文化全球化的面向皆然，國際／全球社會的運作發展趨向一種治理結構的建構／形塑，一種多元中心主義共治格局的形成，是由國與國之間、區域與區域之間的連結互動產生新的運行結構與運行規則，而非如傳統般的是由單一的國家機器由上至下的運作一切，這種運作模式的改變對人類的政治、經濟、文化、社會都會有很大的影響。也因此，在多元中

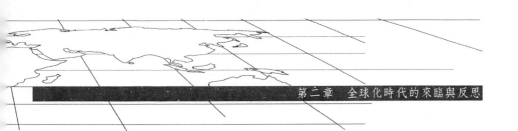

心主義共治的格局下，認同的內容／依歸不再以單一的國家、民族、族群作爲基礎，而是多元的與充滿變化。而這種認同的多元化以及不確定性也使得人們開始尋求一種超越國家民族的認同建構，而希望回到一種人道主義／人本主義的觀點來作爲認同建構的內容，另外，對全球化／本土化之間的矛盾與迷思，對傳統／現代之間的認知和如何對待的問題，都是人類在全球化發展愈來愈成熟之際所必須面對的。

## 何謂全球化？

要正確理解「全球化」這個概念，我們可以由方法論和知識論這兩個範疇來探討，這就必須要先跳出傳統國際政治方法論以「國家中心主義」作爲論述主體的方法論上的束縛，否則會陷入國家／全球二元對立的死胡同。因爲國家中心主義的方法論是以國家爲唯一的分析對象／單位，忽略／漠視其他可能存在／確實存在的行動主體，所以，我們必須先跳出國家中心主義方法論上

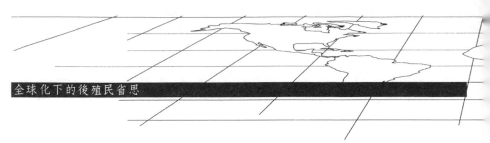

的約束，因為全球化的第一層意義是在跳開傳統上國家／領土／地理疆界的界限，所以必須要先走出國家中心主義，換言之，「全球化」不等於「國際化」[1]。

　　傳統的國際政治，以國家作為唯一的行動主體，也因此，「國際化」代表的是「國家與國家」間的互動關係，是以國家為分析／行動單位，而全球化是在突破國家與國家之間的界限，重視「非國家與國家」之間的互動表現。如果由國家在地理空間／時間的意義上來說，全球化代表一種空間的結構性壓縮，空間觀念不再是以國家／領土作為取向來界定的，不必再由有形的實體去思考／掌握空間，而是由虛擬／無形的向度去思考／界定，通過空間與實體地理束縛脫鉤，同時也代表一種時間觀念的變革，不再能以一種單一的因果觀念來看待事情的發展／變化，這種單一時間因果觀念的揚棄，象徵一種從「歷時性」向「共時性」的轉變，也是一種由單一因果論向多元因果論的轉向，換言之，全球化是一種結構性的多元因素共治下的產物，也是在這種時空觀念的轉變讓全球化／本土化、現代／傳統出現矛盾對立的發展，這一點我們在後面會有更詳盡的說明。

　　所以，要正確理解全球化的時代意義，必須把握下

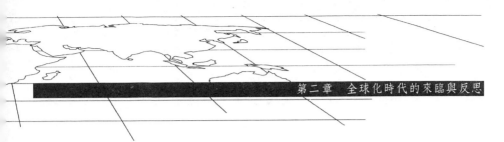

列四個要點：

1. 揚棄以國家為中心的方法論，建立／發展出一個以「全球」做為論述中心的方法論。

2. 跳出單一的時間／空間因果序列觀念，而要認知到全球化下的世界已經是一個實體疆界／虛擬疆界、歷時性／共時性並存的世界。

3. 全球化不是給定的、既予的，不是一個客觀形成的現象，而是人類具體實踐／作為下的產物，所以不能由純粹的客觀主義或科學主義的向度去理解全球化，以為全球化是一個時代脈動下自然形成的歷史演變與發展，忽略了人類在其中扮演的角色與必須肩負／承擔的積極意義，必須要回到人本的基礎上去理解全球化的產生，換言之，人不是乖乖被時代制約而形成全球化時代的來臨，而是具體實踐的主體。我們可以將這種對人性主體的重視看成是一種人本中心主義的全球化理解。

4. 全球化下的人類社群觀念正在突破以往民族國家的束縛，不再侷限以單一國家作為社會／社群存在的載體，而願意將全球當成一個社會／社群，人類的

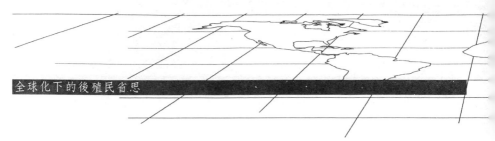

社會／社群概念不再侷限於一國之內，而以全球作
為單位，以「全球」取代「國家」，把全球當成一
個整體的社會／社群來論述／看待。

所以，對全球化的理解不能當成是國家和國家互動
的加總或集合，而應當成是國家與非國家在「全球」這
個整體下所產生的互動，一種「部分與整體」的碰撞！

## 國際化／全球化的區別

談到傳統的國際政治，自然要從自由主義和現實主
義兩種典範切入，雖然自由主義和現實主義在國際政治
中一向被視為是兩種不同的理論，但是實際上自由主義
和現實主義其實等於是一個家庭中的兩個兄弟，是同一
典範下的爭論，都是以國際／國家為主的方法論，兩者
的出發點／論述重點都是一樣的，所差別只是看法上的
歧異。相較於前面兩者，以「全球」作為論述主體的全
球化，是一種從民族國家中心主義向全球主義轉移，也

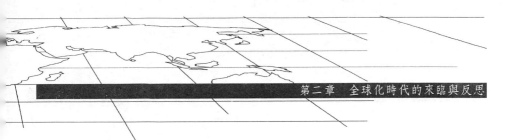

才眞正是一種方法論上的典範轉移。

　　自由主義／現實主義都是以民族國家爲分析單位，假設國際現實是一種無政府狀態，每個國家的終極目標都是爲了追求國家利益。其後設方法論則是通過假定國家爲一個會進行經濟理性計算的經濟行動體，把國際狀態視爲一種經濟計算的生態，大家在互動時各自計算自我利益，所以呈現一種你爭我奪的無政府狀態。這種假設並未把國家與國家之間的關係／互動看成是一個類似社會／社群的關聯性互動，而是將國家看成是各自以本位主義行動的實體，是工具理性／策略理性的化身，國家與國家是經由計算與評估現實後而產生互動與碰撞結果。也因此，國家的行爲被當成是客觀的／理性的，其行爲與互動結果所產生的國際現實／局勢被當成是一種客觀現象，人們根據國家所採取的作爲或行動去分析／解釋國際現實，國際現實因此被當成是既定的、既予的客觀現實，而非是一個可以被批判／改變的結構。自由主義和現實主義的差別，只在於自由主義基本上較強調從更激進的經濟主義出發，認爲由經濟主義的向度來看，國家應該讓渡一些／更多國家權力或主權，去營造一種比較沒有國家權力或主權操作控制的經濟自由體，

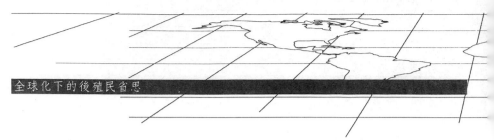

強調藉由這種經濟自由概念的落實，讓權力／主權的限
制在經濟範疇中被限縮到最小，讓經濟／市場的操作可
以反過來影響國家的權力／主權。

　　全球化的概念必須與以國家中心主義做為論述核心
的自由／現實主義作出區隔。我們必須認知到，以國家
為中心所構成的全球互動網絡只是一種國際化的表現，
然而全球化不是國際化的擴大，它是跳脫國家中心主
義，是以「全球」為思考單位的。

　　全球化的發展首先解構的是國家中心主義的概念，
雖然全球化的發展打破／顛覆了國家的界限，但是數百
年來，人類的歷史是以民族國家為載體而發展出來的。
一六四八年的威斯特法利亞條約的簽訂，宣告三十年戰
爭的結束，宣告現代主權國家的開始，也同時意謂著宗
教國家的結束，宣告一個新的「世俗主義」（pecularism）
／「世俗化」時代的來臨。「世俗主義」相對於宗教主
義，是一種人類與上帝在政治行為上的分離，具體表現
在嚴格的區隔教會與國家機器，「讓上帝的歸上帝，凱
撒的歸凱撒」，宗教與政治不再交融在一起而呈現一種二
元結構的關係。不允許國家機器的掌握者在自己的領土
內建立大一統的宗教信仰系統，「信仰自由」／「宗教

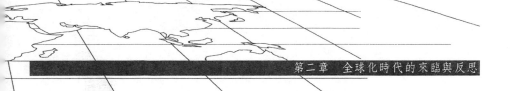

自由」成為新的信仰。伴隨著宗教改革的推動與啓蒙時代的多面向發展，多元宗教的出現／發展逐漸成為市民社會出現／鞏固的主要主體內容，任何力量想挾宗教之名掌握／干預國家機器的操作已經成為一個不可能的事情。

## 世俗化運動與經濟全球化的形成

「世俗化運動」／「世俗主義」之所以能夠改變西方的歷史，除了通過以主權國家為載體破除對神權認同／宗教認同的迷思外，更進一步的是以西方的啓蒙運動為開展而獲得向西方各個領域滲透的動能。啓蒙運動可以說是世俗主義的具體展現，它賦予國家相當世俗化的性格，從現實中去為國家尋求／建構存在的正當性，這種正當性的確立代表統治者不再需要通過宗教去凝聚人民的認同，而可以直接通過國家主義／民族主義去凝聚人民的認同。另外，啓蒙以來所造成的工具理性／策略理性／科技理性的抬頭，影響人類的生命／生活的結構，

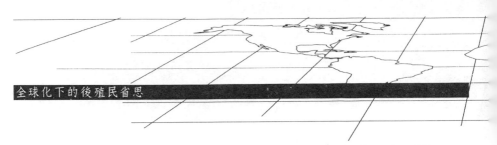

逐步讓這些理性發展成為人類生命的唯一主體內容，雖然這一點是相當值得批判的，然而無可否認的，以工具理性／策略理性為基礎的科技進步內容，造成人類現代百年來的發展過程，也讓世俗化運動在現實發展中找到存在的正當性。

　　西方三十年戰爭後的運動世俗化，造成民族國家的形成，而國家表現出相當鮮明的世俗化性格，就是促成宗教與政治的分離。國家的世俗化性格表現在宗教／教會與國家的分離，表現在神權／國家機器的分離，表現在人民有信仰宗教的自由，通過法律保障宗教信仰，讓宗教成為私人化／私有化的表現，變成一種個人信仰的一部分、個人生命過程的一部分。而技術理性／工具理性／策略理性的發展，對以西方為中心的人類造成更大的衝擊與發展。制約國家運作的模式與樣態，因為國家以經濟理性的向度去計算或行為，國家被要求要客觀或要求要排除非理性的偏見，所以被標榜需要一批批的技術官僚。所以強調客觀／中立，要求由技術官僚來操作國家機器，也衝擊國際政治的運作，因為國家成為經濟理性的化身，所以，國家與國家之間的互動也成為經濟／技術理性計算的延伸。

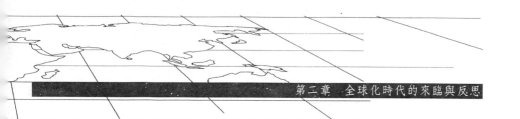

　　所以不管自由主義或現實主義都是在此計算下來作
論述的，國際政治也被打上鮮明的世俗化的性格，像是
博奕理論、戰略三角等皆是，都是一種把國家看成經濟
／技術理性的化身。現在的國際政治仍然是以國家中心
為主的論述，這也是一種以世俗主義為取向的論述，這
種國家主義的論述正在遭受全球化論述的挑戰，解構國
家中心主義的論述，統治（governing）逐漸被治理
（governance）所取代，前者是以國家中心來談的，後者
則是以多元中心主義的角度來看的。

　　從方法論上我們必須跳開國家中心主義來看待全球
化的發展，那麼在認識論上我們該如何看待全球化呢？
基本上，我們必須點出一個事實：現在我們談的全球化
都是一種經濟全球化，由人類的經濟活動以及全球的資
本快速的擴散流動／移轉，或是從網路空間的形成發展
來談的全球化，是由經濟的範疇來談全球化。這種觀點
背後代表人類已經習慣且不自覺的從一股自幾百年來已
經形成的強大力量制約下來思考全球化，在這種經濟範
疇力量的制約下，所謂的全球化只是一種國家資本與市
場力量／資本主義力量相結盟的表現，是跨國政治／經
濟力量的結盟，不再是單一的國家力量，而是跨國界的

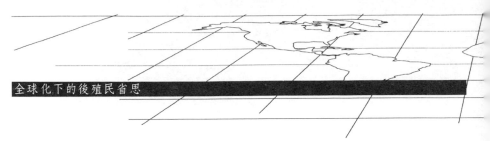

力量，這種全球化，基本上是一種由上（政府）至下
（民間）的力量，是由國家／跨國公司／跨國性的經濟組
織來主導與操控的。

　　然而，全球化的發展還存在另外一個非經濟的向
度，那是由非政府組織（簡稱NGO）、非營利組織（簡稱
NPO）所促成，還包括一些不同地區的本土化運動和一
些婦女運動等等，這是一種由下（民間）往上（政府）
的全球化發展，這些組織或運動的產生是因為人們看到
在經濟掛帥的思考下所形成的由上往下的全球化發展的
弊端，這種以經濟理性／技術理性計算做為思考核心的
全球化，往往會因為過分重視或追求經濟效應／效率而
造成如下的負效應：

1. 經濟全球化習慣在自覺／不自覺中對發生在世界各
   地的災難／苦難視若無睹或保持相當程度的冷漠與
   疏離，因為關心這些事情不符合經濟／技術理性計
   算的利益，所以全球化下的行動者往往刻意或在不
   留心的情形下忽略這些事。

2. 對「分散化」所導致的全球認同的危機也視若無
   睹，經濟全球化造成行動者並不關心分散化所帶來

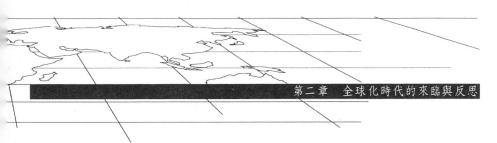

對人類內心世界的衝擊與徬徨，而只關心物質資源
的流通與發展。

3.在國家／市場／資本結盟的龐大力量操作下，全球
資本可以作為人類公共財的東西，不斷的被市場／
資本所佔據，更多的文明及文化不斷的被轉換成商
品，而喪失普世價值啟蒙教化的意義。

通過對上述這些負面效應的反思，人們開始意識到
必須跳脫出被狹隘的經濟意涵所束縛的全球化，而重新
回歸人性本質關懷去建構一個人道主義取向的全球化、
一個人道主義的全球治理。換個角度來說，就是一種全
球倫理的建構與表現，這與經濟全球化所表現出來的反
人道主義是不同的思維與發展，反思／揚棄世俗主義發
展過程所帶來的經濟計算／工具理性獨大／決定的思
維，反思把國家作為既定的、給定的計算實體，希冀通
過對啟蒙以來發展出來的世俗主義的反思與批判，重構
一個新的世俗主義內容。

啟蒙以來的世俗化運動／世俗主義對人類最重大的
影響，便是唯物論式的人學觀點／史觀的建立，對人類
的存在／存有而言，要求以追求利益或效率來證明人是

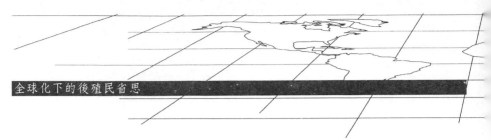

合理性的存在，進而從中認定人的生命存在是有意義的，人是理性的存有，所以生命的存在也因此而有意義。由外顯的向度而言，世俗主義要求人要通過自身經濟利益、地位的提升來作為自己存在意義的基礎，要求人在追求自身經濟利益的同時，要求人要以消費主義的認知／行為來作為人之所以為人的基礎，以經濟發展、集體工作效率的提高當成是社會發展／進步的指標，這是典型的唯物史觀，是一種去道德／去倫理的現實主義的觀點。也因此，現實主義與國際政治上的現實主義其實是一脈相承的，甚至自由主義也帶有這種色彩，因為國家被當成是國際政治中唯一的行動體，被當成是經濟存在體來看待，是一種經濟存有，可以按照純粹市場或經濟邏輯來決定其發展方向或模式，國家是一種世俗化的經濟體，所以，現實主義的國際政治背景非常適合現在經濟主義／市場主義全球化的發展，經濟主義／市場主義的發展是一種世俗化的發展結果。

世俗化運動是站在反宗教／反神權對人類的生活以及認同的操控為基礎所開展的，所以世俗化運動的落實使得人類在認同建構上造成一種「去宗教化」的發展，讓人民不需要再以宗教作為其認同建構的基礎／取向，

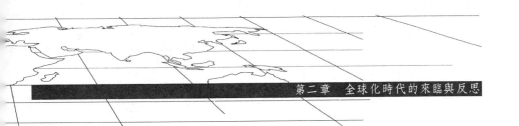

人們開始以民族國家作為認同的基礎，然而，世俗化運動通過對利益／效益的追求來解決人與國家、社會集體的認同問題，但是並沒有成功，所以當人們對宗教認同的建構被瓦解以後，人們轉向選擇了以國家為支撐的民族主義來解決其認同的問題。通過國家化／民族化的過程，當人們及社會集體解決了現實生活中的動機目的問題，也幫一般人解決了個人／社會集體的認同問題，但是，世俗化運動的發展，又進一步的進入了解構國家民族的歷史進程，進入了一個超越／解構國家民族界限的全球化時代，所以，當國家民族無法解決社會集體認同的時候，則使人們的認同陷入一個危機，出現一種全球主義／大同主義的認同建構，也就是一種對全球倫理的渴求。

　　由上至下的全球化也表現出一種「治理」的格局，在國家的主導下，允許市場、資本的存在，但是現在的人們希望可以將全球化導引成由下至上，由一些非經濟、非市場的力量所引導的，被認為是以人民為導向的，通過非市場、非經濟的力量來造成由下至上的全球化，這是一種全球市民社會的建構，這不是要取消國家／政府，而是要讓政府實體可以成為跨國界的行動體之

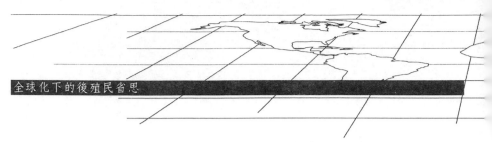
一，去除把國家／政府當成唯一行動體的迷思，而可以形成一種多行動體。

國家與市場的結盟，象徵政治力量和經濟力量的結合，是一種由上至下的宰制力量，而由下至上則是對此種情形的對峙／平衡／反對／制衡，國家不只是與經濟／市場力量結盟，也必須與非市場／非經濟的力量結盟，然而，這兩者其實是相輔相成的，我們不能單純的以為由上至下便是壞的，而由下至上便是好的，這是不正確且十分化約的看法，很多人習慣把由上至下的全球化當成是現今災難的罪魁禍首，而把希望全寄託在由下至上的全球化，這是不對的。

由上而下是導因於西方世俗主義化「新階段」的表現，有相當強的歷史文化的力量作為辯護，而下至上則是由走出一條非經濟／非市場取向的全球化是否可能的思維下來看的，循著「精神化」／「去世俗化」的向度去重構全球化世界的表現。

所以，如果要走出一條新的全球化道路，必須是能夠在經濟和市場的運轉邏輯下，加入精神化和去世俗化的因素，讓這些因素結合而成為全球化的動力，全球化不應該只是經濟／市場／資本的發展過程，不應該忽略

其在政治／經濟／文化／倫理道德層面所應負的責任。因為在過分強調經濟／市場／資本自由運作下的全球化，會讓人有「無責任」／「去責任」的感覺，而對人類而言，一個進步且負責任的全球化才是我們所樂見的。

全球化的由上至下，是一種國家和市場的結盟，是一種經濟主義／技術主義的全球化，而由下至上的全球化，則呈現一種多元主義的共治格局，是一種講求倫理／人道的全球化，由上至下是一種世俗化運動／世俗主義發展下的具體產物，由下至上則是對世俗主義全球化的反對與反思。

## 認同的迷思與全球倫理的追求

全球化發展是一種去領土化的政治／經濟／文化的趨勢力量的發展，這種發展打破了以國家中心主義或民族主義為主的認同建構途徑。國家的屬性產生的劇烈的轉變，具體表現在國家不再能以傳統的威權模式來運作

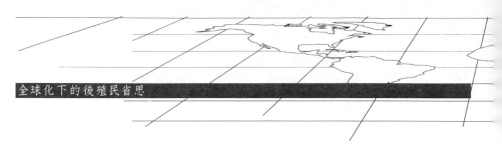

或維持自己的存在正當性，而必須以跨國市場或全球市場的資本邏輯來操作，國家也成爲這兩者運行的槓桿／工具（例如：WTO、GATT的發展都是這種操作模式）。新自由主義者要求國家必須與全球的市場資本力量結盟，形成一種上下從屬的經濟／政治結盟關係，這種結盟關係造成國家的統治或運作判準的好壞標準是由經濟的作爲／有效性來區別／決定，國家成爲利益的追求者，並且以獲取利益作爲其是否可能執政的合法性來源。至於國家是否從事公共事務的建設與經營、是否滿足市民社會的期待，變成是次要甚至是不重要的任務。國家這種追求經濟效益的作爲有時與內政邏輯或憲政邏輯是不一致的甚至是衝突的，所以愈來愈多的人無法通過國家來作爲認同建構的依據，人必須回到宗教／種族主義中去解決認同問題，認同問題的重建成爲一個嚴重的全球性問題。種族／宗教再次躍上人類的歷史舞台。民族國家不再是唯一的運作模式，宗教國家／種族國家開始出現，國家不再是必然的與民族結合在一起，有國家沒民族、有民族沒國家、多民族國家其實在歷史上都存在過，宗教主義／種族主義的論述替代了國家／民族主義，且改變了國家本質的論述，這增加了認同問題的

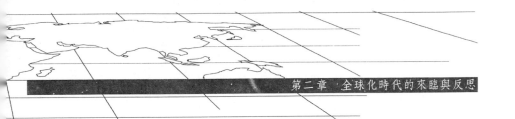

困難／複雜程度，也使得國家基於人民的認同所建立起來的絕對權威受到挑戰／顛覆。

　　資本主義的擴散造成經濟全球化的現實，而在經濟全球化的過程中，國家被要求按照經濟／市場的邏輯去操作之所以會造成了人類的認同危機，是因為這違反了人類長久以來建立在民族主義／國家主義上的認同觀。民族主義通過以建構國家來作為凝聚認同／建構認同的重要依據，同時也藉由讓國家成為人們效忠／認同的對象進一步強化民族主義的存在，兩者形成一種相互依存的辯證關係。然而經濟全球化下所造成的國家角色的轉變與弱化，造成了民族主義在操作上的危機與空洞化，而國家／民族無法成為人們凝聚／建構集體認同的支撐，也造成了人類認同的危機與空洞化，並形成一種認同焦慮或認同迷失。所以很多人會回到宗教或種族中去尋求認同感，希望能藉此解決認同問題。

　　在這種情形下，以經濟作為論述重點的新自由主義企圖讓國家角色模糊化來作為全球化的辯護基礎，並且重建人們對國家的認知以及建構一種全球化認同。自由主義跳脫出對傳統國家中心的依賴和束縛，以一種去中心化／去領土化的政治經濟運作模式作為訴求，要求讓

國家／跨國公司／企業或任何的團體力量可以作為全球化發展力量的節點，而且能夠作為一種自我管理／自我組織的系統。然而這種通過經濟的角度來看待全球化下國家與跨國企業／團體的關係，很容易被化約成是一套反規範／反制度／反政府的論述方式，而且人們也無法真正跨越國家民族的界限而將國家／民族認同變成對企業／組織的認同，這種論述反而讓人們更難理解自己所處的時代背景或時代意義，更遑論由此建構自己的認同。這對解決人類的認同問題不但沒有幫助，反而又造成另一個雪上加霜的情況。

全球化的發展對很多人來說存在一種認同的危機感。人們開始重新回到宗教／種族來對應經濟／市場的全球化，特別是非西方世界的人們，具體的表現形式之一便是表現在以宗教為深層結構的人類文明的衝突和張力，造成另一波時代／歷史的問題。這種時代／歷史的危機，造成不同文明間的緊張／對立／衝突，牽扯出來的是幾百年來的宰制／被宰制、核心／邊陲、壓迫／被壓迫的歷史問題，所以，面對經濟全球化，人類必須要小心的解決／面對，避免引爆上述問題。換言之，在思考全球化問題時，所關係的不只是世界觀／本體論的改

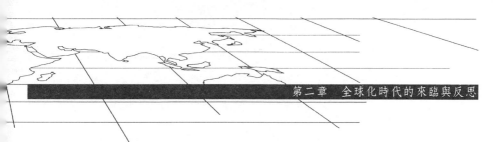

變，也關係到人類生死存亡的問題。

　　近百年來西方對非西方的殖民統治，讓西方也把世俗化論述／實踐的力量滲透到非西方世界，然而這一套世俗化論述是以西方中心主義架構來進行的，所以在西方相對於非西方的優勢發展下，很自然的便轉變成一套現代化發展論述，這套論述隨即成爲帝國主義出現／擴張的合理化基礎。而世俗主義的理念論述／實踐的向外擴張，也成爲西方中心觀得以出現／存在的重要依據，這種西方中心主義在近代引起了許多反對力量的出現，這些反對力量反對西方中心的進步／發展史觀，連帶的便是對啓蒙以來世俗主義的批判，在反對西方作爲一個「他者」入侵的同時，背後所依據的理論論述則是回歸到區域／種族／族群甚至是宗教（例如回教）的傳統上面。所以近代反帝國主義和反殖民主義運動的論述，很大程度也成爲反世俗化／世俗主義的論述依據。

　　通過殖民主義／資本主義的擴張，世俗主義運動形成一種跨國界的發展力量，導致西方／非西方在政治／經濟／文化上的不對等／不均衡的關係的發展。西方通過啓蒙以來對世俗化發展的要求，要求非西方人民要向西方一樣走向世俗化的發展道路，以追求工具理性／策

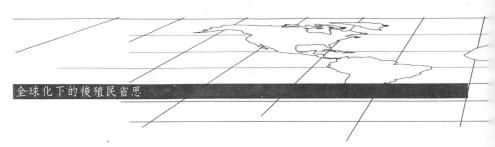

略理性為基礎，追求效率與利益的道路，讓非西方人民形成強大的反帝／反殖的訴求。西方雖然在二次世界大戰之後廢棄了帝國主義／殖民主義的操作模式，但是在心態上仍然存在一種相對於非西方的主導優越，認為自己有義務／能力去引導非西方走上現代化的道路，然而這種想法忽略了西方／非西方之間歷史經驗與文化背景的差異。西方一廂情願的認為這條非西方通往現代化的道路是不必包含歷史的，是可以跨越前現代歷史而直接進入現代或後現代的，這種忽略文化差異而純粹以經濟發展作為基礎的工具理性／策略理性的思維模式，讓非西方形成另一種對西方後殖民批判的浪潮。

當我們思考要讓全球化負有「責任」意涵的時候，代表的是經濟與道德或規範的整合，然而，市場與資本的發展／運作與道德倫理／對人類的責任能否合一？這是一個古老的政治思想史上的問題。基於這種思考，「全球倫理」（global ethic）的觀念與如何建構也隨之興起。全球倫理是來自於對經濟全球化所帶來的種種「不負責任」或「漠不關心」弊端的批判反思，企圖讓以人道主義／人本主義為基本精神發展出另一種全球化思維模式，也讓「全球倫理」這一充滿人性關懷的思維開始

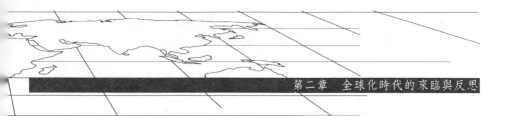

取代人們對經濟／資本／市場全球化的重視而成為另一個全球化發展的典範，成為世人思考「何謂全球化」以及「全球化應當如何發展」的另一個選擇。

　　全球倫理的建構，並不是也不應該是訴諸一個大一統或一體化的價值體系來作為其背後的論述依據，相反的，必須要在各種差異性上實踐其普遍性，換言之，並不是要求一個教條式的規範，而是要求通過對人類的終極關懷而因時因地的採取適合的行為，這些關懷包含建立非暴力且尊重生命的文化，建立真誠且互相容忍的文化，建立以公平的經濟秩序為基礎的團結文化以及建立男女都可以參與並擁有平等權利的文化。換言之，全球倫理是在種族／族群／地區／文化的差異性上求取一個普遍價值精神的實現，而不是要求表面上的一體化規範，全球倫理不是一個理念或是口號，而是一個可以實踐的理論意涵，而這個理論意涵的核心，便是對普遍性／差異性的認知與實踐。

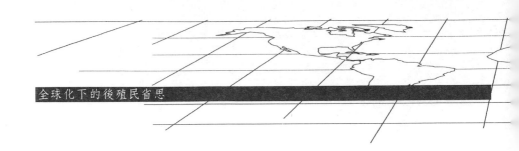

# 普遍性／差異性與現代／傳統的辯證

　　全球倫理如何建構或許不是我們能力範圍所能解決的，但是藉由對建構全球倫理的思考過程，我們卻可以導引出另一種微妙的關係，即全球化是一種「普遍化」和「特殊化」辯證發展的表現。如果我們將全球倫理看成是相對經濟全球化的發展而提出來的，而經濟全球化的發展是一種「去道德」和現實主義的發展，是一種強調「一體化」或「大一統」規範的運行邏輯／模式，也可以看成是一種以西方為中心的現代性的展現，那全球倫理的建構的基礎則是必須建立在反對這種一體化與大一統的訴求，因為如果將全球倫理視為是一個一體化的規範，則會形成另一個中心主義或本質主義的出現，那全球倫理的建構就只是經濟全球化邏輯下的一個變體，而無法真正體現其背後的普世價值精神。所以全球倫理的普遍性精神價值必須通過各地區／各民族／各國家的特殊性將其表現出來，這種全球化浪潮下所帶來的普遍

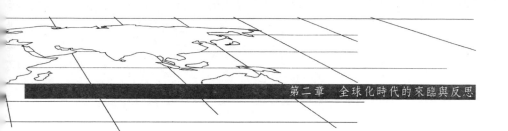

性／特殊性的矛盾，牽涉到的是一個如何將差異（diversity）與不同（difference）整合在一個普遍主義中的問題[2]。

　　普遍性和差異性之間不應該是矛盾的，而是應該呈現一種辯證存在的關係，然而在傳統的直線式觀念來看，兩者卻始終被當成是對立矛盾的。其實如果我們由歷史發展的角度來觀察，便會發現兩者之間雖然始終具有張力，但是這種張力卻提供一種相互保證、相互支持、相互支撐的辯證結合關係，是一種共謀／相對化的依存關係。換言之，普遍化的展現基本上需要通過特殊化作為其載體來表現，而特殊化效應的進一步擴大，則會形成一種普遍化的結果。所以，普遍化和特殊化基本上是全球化發展中的一體兩面。最明顯的例子就像是麥當勞在全球世界的發展。

　　「麥當勞化」幾乎已經成為世界共通的現象[3]，這個名詞背後所代表的是一種生產標準化／產品相同化／講求快速速率和親切服務的一種生產理念的擴散，但是，這種生產理念之所以可以通行於世界各地，是因為它會因應不同地區做出適當的調整，例如麥當勞在歐美是一種速食文化的表現，但是當它擴散到台灣和大陸，就會呈

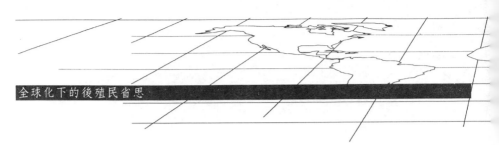

現具有台灣／大陸特色的方式來承接麥當勞所要求的生產理念，換言之，會配合當地的生活習慣的特殊性來調整／表現生產模式的普遍性，就如為了因應台灣／大陸人倫和群己文化傳統的特殊性，麥當勞在台灣／大陸的經營都朝向提供一個親子同樂或同儕聚會的場所來融入當地的飲食文化，所以麥當勞在台灣和大陸都逐漸發展／形塑成為親子間親密關係建立的場所或是家庭倫理的建立／運作的場所，也成為私人朋友休閒聊天、企業公司聚餐開會，甚至是青年學子歡度生日慶祝的場所，這一點與在歐美的運作模式是相當不同的，然而卻是麥當勞能在華人世界獲得成功的主因。

所以，麥當勞之所以可以屹立各地賺飽荷包，不是因為它的普遍性生產模式適合每一個地區，而是它可以在通過這種普遍性的生產模式為載體發展出適合各地文化習慣的特殊性生產風貌，「相同的麥當勞，不同的賣法與賣點」是麥當勞全球化擴散成功的原因。所以，麥當勞這種放諸四海皆準的理念在普遍化的同時，必須通過其有各地特色／特殊化的條件作為載體，而如果有一天台灣／大陸這種特殊化模式被其他地區所接受，那它就會開始普遍化。也因此，特殊化／普遍化是全球化發

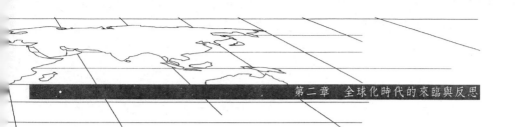

展中的一體兩面，我們不能將之化約的看成是一種二元
對立的關係，而必須正視到兩者之間的辯證發展關係。

　　由麥當勞的例子我們可以看出，全球化發展並不是
意謂著一個大一體的整合，而只是代表人與人、國家與
國家、區域之間的一種互賴程度的提高。整合具有一種
一體化的規範或倫理意涵存在，而全球化並不必然會導
致整合，因為在全球化發展下，普遍性與特殊性應該／
也必然是並存的。

　　自主性以及互賴是全球化發展過程中的一體兩面，
互賴程度愈高造成了同質化的需求，但是對能夠表現自
己特色的自主性要求也更加重視，所以全球化的發展過
程中不斷的並存著對同質化／異質化、普遍性／特殊性
的衝突與張力表現，然而兩者都是全球化的現象，這種
衝突與張力的表現也是全球化之所以能不斷擴張發展的
真正主因。如果將全球化和同質化等同起來，認為必須
要有一體化的表現才算是真正的全球化，這是一種經濟
全球化思維下的迷思。

　　全球化必須通過在地化／本土化的擴散效應才能獲
得落實，在地化／本土化必須通過全球化作為載體，其
效應也才能擴散，本土化與全球化是可以相互建構／相

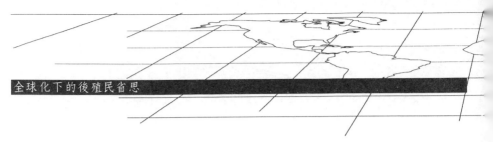

互保證的辯證結合的。

在全球化浪潮下，民族與民族、國家與國家、區域與區域之間產生了緊密的互動／互賴，彼此間的文化／文明很自然的便會伴隨著這種互動／互賴的過程產生交集與碰撞，文化／文明之間存在的差異性或歧異性也在這種過程中明顯的表現出來，面對與自身傳統文化存在相當程度差異的外來文化的傳入，特別是在強勢文化對弱勢文化展現一種「入侵」的樣態時，當地的人自然會感到自己的文化受到了威脅，並且質疑外來文化的正當性與目的性，因此很自然會出現「保護傳統」的訴求。在這種保護傳統文化的號召下，人們便很容易將傳統拿來作為反抗外來文化入侵的理由，甚至走上一種基本教義主義的方向，走上反現代性／反世俗性的方向上去。這種在全球化的壓縮／壓迫下所產生的全球／傳統的壓力，是西方與非西方所共同存在的現象。

然而，將全球化的歷史發展擴張成相對文化／族群／國家之間的衝突甚至戰爭，是一種直線性必然連結關係的思考，也是一種錯誤的直線型思考模式，我們應該瞭解，全球化不必然會帶來整合，整合與互賴是兩個不同的概念意義；全球化也不必然會導致衝突／戰爭，之

所以會引起文化／種族／國家間的張力或緊張，是因為
彼此在互動中的相對感所造成的，這種張力的存在是必
然的，但是卻未必會導致衝突與戰爭。

　　所以，我們必須認知到，在全球化的浪潮下對傳統
或本土的堅持本來就是一種全球取向的概念或範疇。用
本質主義堅持／回歸本真的傳統文化，認為一個地區／
民族／國家存在一種絕對本真、純粹傳統的文化，只是
一種迷思（myth），是由一種缺乏歷史意識、去歷史化／
反歷史的角度來看的，在本質主義／本真主義的訴求
下，衝突／戰爭就有可能會出現，這是由於排他性的特
色被凸顯出來，也因此才會使用暴力去對付其他不認同
自己文化的人。

　　走出空洞的世俗主義／極端的基本教義主義，等於
是走出一條趨向中庸的「第三條路」，而對傳統或本土性
的堅持與提倡，則必須通過全球化的方式來進行才有可
能實踐，也才有意義。例如，舉行種種跨國會議，通過
跨國的市民社會團體、跨國的NGO／NPO，通過網路科
技／資訊科技作為載體來表現本土文化傳統的特殊性，
這是一種全球化的方式，與世俗化／商品化／市場化的
浪潮結合在一起。所以免不了要依循著市場化／商品化

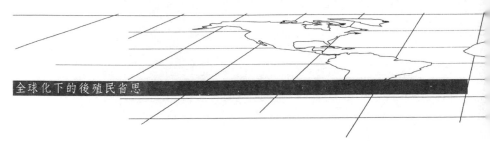

的機制來進行，轉換成商品或其他可以被消費的物品。就像台灣的布袋戲《聖石傳說》跳脫傳統的野台戲方式而以電影的拍攝／操作／消費方式打入西方市場，讓西方的電影藝術與台灣本土的傳統藝術結合即是一例。

通過商品化的轉換之後，未必就不能表現出傳統或本土文化間的意義，然而在世俗化所帶來的商品化過程中，關於意義的表現／再現與建構，一直是世俗化／商品化最為人所詬病之處，因為一般總認為世俗化是通過一種「去意義化」的訴求來形塑商品的，去除屬於商品原本的意義，而以一種單向度／商品取向的意義／價值考量來重新建構商品的意義，這種意義已經脫離了屬於原本商品在成為商品之前本身的意義，而純粹成為一種在經濟／市場功能取向下的價值／價格意義。

然而，商品化／市場化的過程是否真的是一種去意義化的過程？我們在這裡必須很遺憾的指出，這種反市場／反商品的思維本身也是一種迷思，同樣也是反歷史的、去歷史化的論述。因為物質的商品化通常與物質的意義是結合在一起的，跳出商品價值來看待物品的意義只是一種理想或空想的意義賦予，物質必須通過商品化／價值化的過程才能將其意義展現在世人眼前，商品化

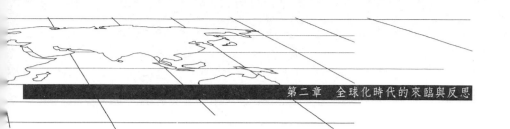

的過程賦予物質一種估價／評估後的價值意義，這種價
值未必會使物質成為我們認知中在市面上流通的商品，
但是卻是通過比較／評估讓物質價值表現／呈現出來的
方式。所以，商品和意義是可以辯證結合在一起的。

　　商品與意義的結合是經濟全球化下的人類生命／生
活發展中必須處理的問題，也是思考在全球化時代下如
何可能提倡傳統所必須思考的課題。我們不希望只依照
經濟主義的邏輯來發展全球化，而希望可以在市場化／
商品化的同時也能找到「意義」的存在，讓市場化／商
品化的發展也可以受到「規範」，讓商品與意義辯證的結
合在一起。

　　我們必須瞭解，「傳統」非單純的是前現代的範
疇，是對應現代的一個時間序列，相反的，傳統本身就
是現代性的一部分，它雖然對峙於現代性但本身也是現
代性的一部分，是在對峙現代性的過程中被強調與提倡
／維繫的，換言之，是通過全球化的過程被維繫／提倡
／強調的。就像是個人主義是作為對峙社會化的範疇而
存在，然而個人主義又是必須在通過社會化的過程中才
能夠被維繫／提倡／強調。傳統與現代、個人與社會都
是依托於彼此而辯證存在的。

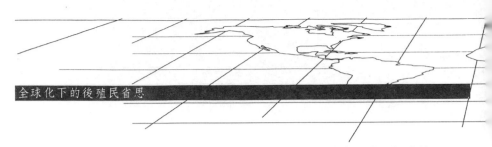

　　所以，絕不能由本質主義／本眞主義來理解或看待傳統，因爲不會有純化的、本眞的絕對傳統存在，對本眞式傳統的期待是一種神話或政治迷思，是一種政治或意識型態操作下的產物，眞實的傳統本身是不斷被「操作」／「建構」／「發明」的。傳統也因此而被「累積」出來，所以，要求本質／本眞的傳統，是對歷史的一種反動，是對歷史的抽離。對傳統與現代的區隔化／相對化不能被操作成是對傳統與全球化的一種反動，而讓回歸／宣揚傳統成爲一種基本教義主義的心態。必須讓這種區隔化／相對化呈現一種正面的發展，讓文化／文明在全球化的洗禮下成爲傳統的一部分。日本之所以自傲，其原因便是在此，因爲它可以不斷的把西方文明變成自己傳統的一部分。後殖民主義、東方主義、帝國主義論述之所以會出現，是來自於對相對化／區隔化下的種種弊端／問題而提出批判，然而，這種批判不必然是一種基本教義的出現／表現的論述，然而這些批判卻很容易會成爲極端的基本教義主義者反相對化／區隔化的辯護依據，這一點是我們必須要注意與防止的。

　　全球化創造出一個跨越國界的全球脈絡，這種全球脈絡不會專屬於某個國家／區域／文化，也爲我們開啓

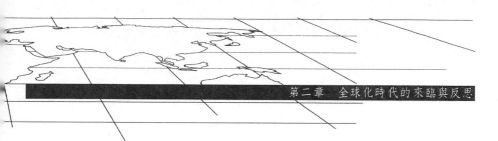

／創造了一個全球文明出現的可能性，然而這種全球文明的內容與建構方式，必然不是藉由單純的消除差異、朝向統一的過程發展，而是必須在容許各差異存在的基礎上找出共通的普遍性，在彼此溝通／對話、瞭解／包容的情形下通過對差異的包容來建構普遍的共享，這樣的全球文明（甚至是全球倫理）才可能建構出來。

　　總之，市場或商品之間是可以具有意義的，市場／商品與意義可以辯證的結合在一起，在世俗化的過程，人只是作為一種經濟計算的存在體，這並不是人們所希望的，人們希望可以比經濟計算／經濟存有再多一點意義或價值，從其中找出辯證結合的可能性，相同的邏輯存在傳統、商品與意義的結合。所以，傳統與市場／商品要相結合並通過這個過程賦予其意義。傳統要作為不斷再造／再生產的體現，商品的內容不斷被賦予不同的意義與內涵，舉例來說，像是宗教被當成商品的一部分，所以也必須與市場／商品結合在一起，「宗教商品化」應該由辯證的角度來理解，而不應該單向度的由商品的角度來看待，因為商品化是很多意義表現的管道，也是最直接的。因為宗教自己的表現方式是無法像商品運行機制的表現這般快速且有效，透過商品的行銷／推

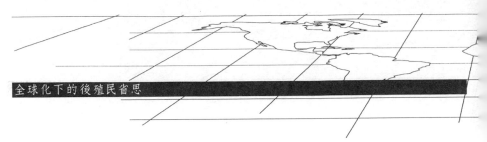

銷與表現方式反而是讓宗教更快深植人心或成爲人生活中不可或缺的一部分的最快方式，許多禪修或靈修課程強調可以讓人身心清淨來面對職場或人生的挑戰，許多宗教法會宣稱可以消災解厄、添福添壽，其實都是一種商品邏輯下意義建構的表現。

# NGO／NPO興起的時代意涵

　　全球化帶來的另一個重要議題是非政府組織（NGO）／非營利組織（NPO）的興起，這兩者的興起與福利國家的式微與轉變有關，因爲福利國家角色的式微與轉變連帶產生的是人民／社會對國家能力的質疑與不信任，並且更進一步的促成了市民社會的興起，同時第三部門的蓬勃發展也擴充了市民社會的內容與發展，這些發展與改變都會觸及國家／市民社會的關係，讓國家對社會的關係由一種「統治」關係往「治理」的方向轉變，這同時也代表了市民社會的全球化時代來臨[4]。

　　市民社會的全球化是必須與經濟主義全球化的互動

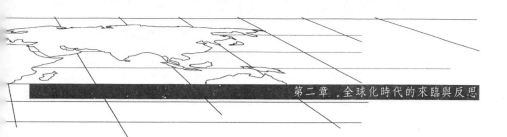

扣緊在一起來討論的，這意味著一股新的力量出現並且
對現有的國際關係帶來新的影響與挑戰。市民社會／第
三部門的發展也代表傳統以經濟為導向的發展論述的式
微，而這種以經濟為導向的發展論述是以國家為論述中
心的。所以，以公民／市民為中心／核心導向的發展觀
抬頭意味著人們對發展的概念跨越出化約的經濟主義，
而開始強調市民／公民之間的互助／交流／互動，並以
此為載體，讓發展成為一種全面性的範疇。例如通過對
環境保護的議題，創造一個超越國家界限的氛圍／氣候
（context），而這種跨國議題的提出與討論／重視，連帶
使得第三部門跨越國家界限的存在與發展成為可能。所
以，通過超越國家界限的議題為載體，使第三部門得以
存在發展，如此才能建構／形塑出超越或跳出國家中心
主義的論述，形成一種市民社會／第三部門的論述。

　　當人類的歷史由「國家」發展到「國際」再到「全
球」，象徵人類的統治行為由原本單純的國內事務向日益
龐雜的國際事務過渡，然後再發展成千絲萬縷、盤根錯
節的全球事務，第三部門的出現代表一些界限模糊領域
的存在，這些領域不是單由政府、企業或第三部門單方
面可以解決的，而必須由此三方面共同解決，這個過程

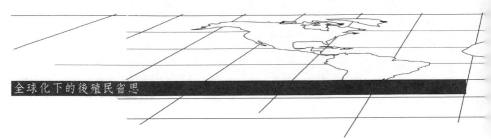

中國家由一個絕對的行動者轉變成全球架構下的一個相對行動者，而傳統絕對的「統治」觀念也轉變成另一種相對的「治理」格局，國家已經無法再以傳統的絕對權威行使的方式來作為。代表一種真正的治理結構的出現，呈現一種「治理」的格局。市場／利潤／國家／社會是可以被統合在一起的，這是對傳統政治學的一種顛覆。

在這種情形下，NGO／NPO順勢興起並且成為相對於國家角色的另一種行動主體。NGO／NPO的出現，對當代政治／社會的影響很大，牽動這兩者的生活型態，並且也與人們的日常生活息息相關，人類的生老病死以及種種一國甚至多國政府無法或無暇顧及的事務，NGO／NPO都可以注意到並且處理／照顧到，而且有能力將人類生活的種種議題不斷納入並且試圖解決，藉此讓人類的生活與NGO／NPO緊密結合在一起。無可否認的，當代的NGO／NPO的產生的確是對立於資本主義／國家主義的缺陷而出現，是對應市場機制的缺陷而出現的，這是因為在市場機制運行法則下無法解決公共財或公共福利的問題，像是生態環保問題，都必須仰賴一些其他部門來重視與解決。所以NGO／NPO在這個時代架構下

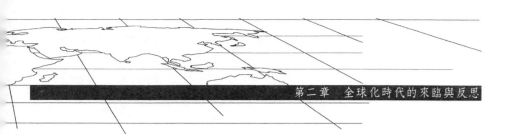

的存在與發展成為一件順理成章的事情。

　　然而，針對NGO／NPO的存在與作用，一般人往往無法真正瞭解其角色、作用與意涵，所以，有幾個迷思是我們必須提出來的：首先，把NGO／NPO當成是純粹的道德／善行的組織，賦予其過高的倫理道德標準，這對NGO／NPO是一種相當嚴重的扭曲，因為NGO／NPO是作為一個組織存在，對議題的專業性和組織的官僚化發展是它必須著重的，所以它也會有類似其他組織的弊病存在，也因此不能賦予其太高的道德要求，要注意／容忍其世俗化的一面，畢竟NGO／NPO的角色就是一個世俗化的組織團體。其次，NGO／NPO是社會的第三部門，但它終究是在社會中運轉的，因此必然會與現實社會中的政治／社會運行連結在一起，所以它是非常世俗化／世俗取向的，很多政治／社會團體會想與NGO／NPO掛靠在一起，藉此來提高／增進自己的地位與名聲，而我們不能將其當成是純粹與國家相對立的單位／組織，是人自願行善的產物，要知道它與國家機器之間的聯合或合作的空間非常大，況且與國家機器的合作／聯合是保證NGO／NPO可以存在與發展的一個重要槓桿。最後，不可以將NGO／NPO當成是二十世紀下半葉

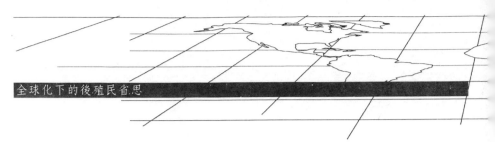

以來的產物，在資本主義形成之前，就有許多相對於政府（或說是朝廷）的公益團體的存在，所以，不能將其根源僅著重在當代歷史的論述上，要回歸到歷史脈絡中去定義NGO／NPO的時代意義同時正確的認識它。NGO／NPO的出現不僅僅是伴隨著市場／國家而出現，而是本來就存在，只是在這個時代趨勢發展下愈形重要。

所以，NGO／NPO並不是附著於國家而存在，而是可能會發展成具有如十九世紀民族國家出現一般的歷史地位。而在NGO／NPO的運作過程中，也跳脫出資本主義與社會主義二元對立的經濟史觀，而把兩者的邏輯融合在一起，成為全球化運作過程中一條辯證結合的道路，這種融合代表人類另一種新的發展道路的興起，換言之，順著NGO／NPO的運作邏輯，人類正在走一條不同以往的「第三條路」。

# 註　釋

1 參見Ulrich Beck著，孫治本譯，《全球化危機：全球化的形成、風險與機會》，台北：商務印書館，1999，第一、二篇。

2 相關論述與概念參見Roland Robertson著，梁光嚴譯，《全球化：社會理論與全球文化》，上海：上海人民出版社，2000。

3 參見Ulrich Beck，前揭書，頁59-60。

4 參見楊雪冬，《全球化：西方理論前沿》，台北：社會科學文獻出版社，2002，頁194-212。

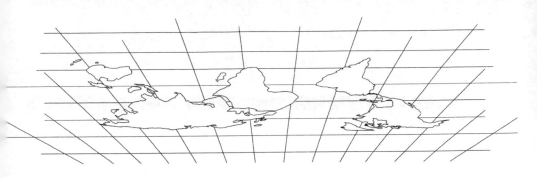

# 第三章
# 後殖民論述的興起與理論意涵

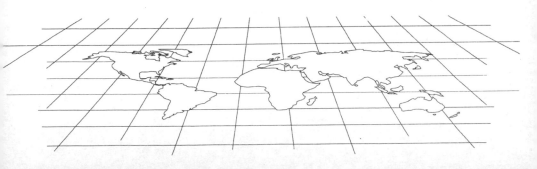

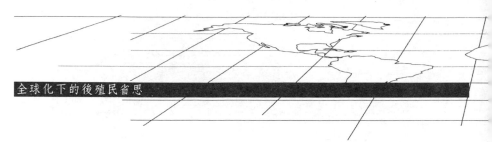

　　後殖民理論並不是一種具有清晰概念或嚴謹定義的成熟理論，它是第三世界（被後殖民地區）學者藉由使用第一世界（殖民者）的話語與觀念對殖民者發出抗議並希望藉此喚醒被殖民者自我意識的一種論述，嚴格上來說，後殖民理論本身並沒有一個十分統一且明確的概念，「後殖民」一詞的涵義也是含混而籠統，它往往被視為是一種包含多種文化／權力關係的批評性理論或話語。儘管學者們對「後殖民」的定義及概念依然模糊甚至意見分歧，也有許多人對「後殖民」一詞抱持相當質疑的態度。但不論如何，後殖民所探討的對象是十分明確的，便是西方對非西方世界在文化上的一種優勢關係。這種優勢關係藉由我／他的區隔為起點，通過中心想像、想像建構、文化霸權、文化雜交、認同混淆、歷史遺忘或重塑、他者建構與再現等等各式各樣的理論闡述出來[1]。

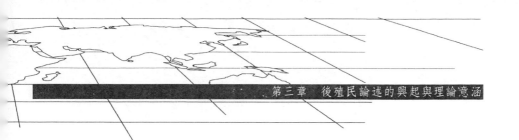

# 後殖民理論的觀念溯源

　　要談「後殖民主義」(postcolonialism) 發展的起源和意涵，就必須扣緊近代以來「殖民主義」和「新殖民主義」的概念，這當然也要由區別「帝國主義」與「新帝國主義」的向度上著手來進行。

　　區別「殖民主義」和「新殖民主義」的最簡單分野，便是由時間的向度上來看：一般所謂的殖民主義或是舊殖民主義，指的是在第二次世界大戰之前，西方的資本主義工業國家在政治、經濟領域上與非西方國家間的互動與相處模式。而新殖民主義指的則是第二次世界大戰後西方國家與非西方國家（特別是第三世界國家）在政治、經濟領域上的互動情形。但在以時間作為區隔點的分法下，隱藏的是一個更重要的觀念，即主權表現的方式與是否獨立。在舊殖民主義時代，非西方國家在主權的行使上是被西方國家透過以武力或軍事力量徹底或部分取消或替代的；而在新殖民主義時代，西方國家

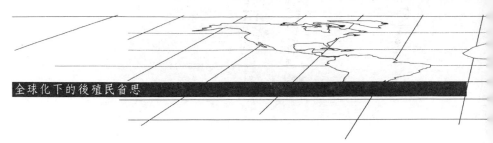

雖然放棄了以武力來挾制非西方地區的主權行使，並且
使非西方國家取得形式上的主權獨立，但卻透過另一種
政治力或經濟力的行使來制約第三世界國家，使其在政
治、經濟上並未獲得實質上的獨立狀態，換言之，主權
在實質上並未獨立[2]。

　　對舊殖民主義批評的濫觴，一般是以馬克思主義爲
主導先驅的，具體表現在如布哈林（Bukharin）、羅莎盧
森堡（R. Luxemburg）、列寧（Lenin）等人的相關著作
裡，從馬克思以降一直到這些第二、三代馬克思主義
者，代表對舊帝國主義理論的批判與反對，如盧森堡一
九一三年的著作《資本的積累》、列寧一九一六年完成的
《帝國主義是資本主義發展的最高形式》等皆是。但這些
人還不是最早對帝國主義做出批判論述的人，眞正最早
的先驅者當可以推及J. A. Hobson在一九○二年的《帝國
主義》（Imperialism）一書及一九一○年N. Angell的《大
迷思》（A Great Illusion）。

　　至於第二次世界大戰後對新殖民主義的批判，則是
通過如「依賴理論」（新帝國主義論）、「世界體系理論」
來凸顯西方與非西方在互動過程中不對等的政治、經濟
關係，著名的批評者如法蘭克（F. H. Frank）、卡多索（F.

H. Cardoso)、貝倫（Paul Baran）、華勒斯坦（I. Wallerstein）等人。通過這些新殖民主義者的批判邏輯思維，後殖民主義者將關注焦點集中到文化向度上，並發展出相關的後殖民論述來。

要瞭解這些殖民論述之何以產生，便要先瞭解帝國主義和殖民主義之間有何區別，這一點毫無疑問的，我們可以由馬克思（Karl Marx）的說法裡找到答案。在馬克思的認知裡，資本主義在本質上便是一種全球性、國際性的，在其不斷的發展和擴張下，結果便是形成一個以全世界爲主體的統一經濟體，將世界市場全部納入其運作機制和邏輯之下。這一點，馬克思在其著名的《共產黨宣言》（*The Communist Manifesto*）、《資本論》（*Capital*）等著作中不斷提及。資本主義藉助西方對非西方的貿易途徑或武力途徑不斷的往外擴散，使得落後地區資本主義化。用馬克思的說法，西方國家不斷的在上層建築和下層建築中對非西方國家進行壓迫與宰制，並從中獲取自身的最大利益，而在這種西方國家向外壓迫和宰制的過程，構成了西方帝國主義時代的興起。

從馬克思主義的角度觀之，在看待資本主義和帝國主義的相關性時，必須要理解帝國主義形成的最基本基

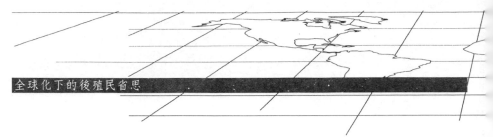

礎，是伴隨著資本主義的全球化擴張來進行的，換言
之，帝國主義是以資本主義全球化為載體的，透過資本
主義全球化的操作來使西方世界的力量擴展到非西方世
界成為可能。馬克思雖然在其著作中並未使用到「帝國
主義」一詞，但在其之後的反帝國主義論述的主流傳
統，皆是延續此種「西方世界力量伴隨資本主義全球化
而延伸出去」的模式來理解帝國主義的，所以，馬克思
可謂是創造了一個「沒有帝國主義概念的帝國主義傳
統」。

　　值得注意的是，殖民主義是帝國主義表現的一種方
式、一種途徑，而舊帝國主義理論最主要想探究的一個
核心概念是：西方資本主義工業國家向外擴張時，在爭
奪殖民控制主導權過程中的互動關係為何？這一類研究
可以列寧為代表。列寧關注的焦點集中在西方國家對落
後地區的侵略過程中，這些帝國主義國家彼此間的權力
互動關係。藉由這種權力擴張過程中所引起的矛盾與衝
突，列寧解釋了第一次世界大戰會爆發的原因。列寧的
關注重點不在強調西方與非西方國家在政治、經濟面向
上的互動情形。這一點，與二次大戰後的新帝國主義，
所強調的則是西方與非西方的政治、經濟的互動關係是

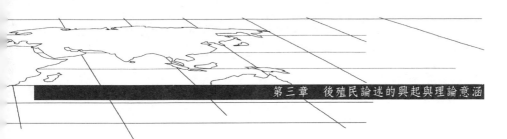

有所不同的。

　　一六四八年，威斯特法利亞主權（Westphalia sovereignty）觀念被提出，一種「硬主權」、「絕對主權」的觀念被確立。但自十七世紀以來，主權在國際政治現實上卻始終不如理論上那麼的具有單一性與絕對性，而是朝向四個面向發展，四種主權的觀念在國際政治上彼此競逐，交相作用，第一種是威斯特法利亞主權，強調主權的獨立性，國與國之間彼此互不侵犯、互不干涉。第二種是國際法主權（international legal sovereignty），強調民族國家之間相互承認的原則，通過擁有在國際法上的合法地位，使民族國家存在的正當性基礎更形鞏固。第三種是內政主權（domestic sovereignty），這是威斯特法利亞主權在內政上落實的表現，強調政府擁有國家主權的最高權威，擁有最高管理控制的權力，與威斯特法利亞主權是一體的兩面。最後一種是互賴主權（interdependency sovereignty），這是二次戰後發展出來的，其主要是因應資訊主義、全球主義時代來臨所建構出來的「軟」主權形式，是國家用來解決跨國事務的能力的表現。這四種主權彼此之間有關聯性，顯示國家在面對不同條件下，可以表現出不同的主權行使模式[3]。

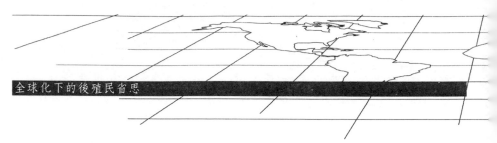

舊殖民統治的定義，是以一個國家的主權是否全部或部分被取消、替代作為被殖民與否的具體標誌，新殖民主義對被殖民與否的看法則非如此，他們認為，第三世界國家在二次戰後雖然「形式上」主權已經獨立，但在政治、經濟仍然結構性的依賴昔日的西方宗主國，所以「實質上」主權並未真正獨立，仍然是處在一種「被殖民」的狀態。

由（舊）殖民主義到新殖民主義，是對威斯特法利亞的硬主權概念的揚棄與挑戰：何謂主權？何謂獨立自主？民族國家的實質獨立自主如何可能？這些問題重新躍上人類的歷史舞台，所以，對新殖民主義批判所形成的新帝國主義批判，便是在解決民族國家實質上如何獨立自主的問題，而後殖民主義亦在回答此一問題，差別在新殖民主義重心點在政經方面，後殖民主義則是在西方與非西方不對等的文化關係上。舊殖民關聯著舊帝國主義，新殖民和後殖民則是關聯新帝國主義，而後殖民又是由文化向度上作思考的。

後殖民主義者由文化的向度上做思考從而提出疑問：主權的形式獨立是否是真正的獨立？民族國家的獨立自主是否可能、如何可能，用反殖民主義者的話語來

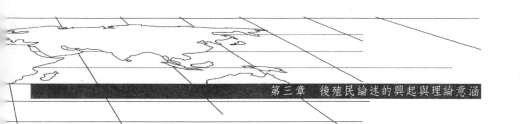

理解，即「解殖」（decolonization）這個過程和行為是否可能？如何由文化向度去解除這種被殖民的狀態？第三世界一直強調的「解殖」，究竟有無可能？

# 後殖民論述的批判性意涵

　　後殖民主義者在論述西方相對於非西方的後殖民現象時，最常使用的是傅柯（M. Foucault）的「知識／權力」概念和葛蘭西（A. Gramsci）的文化霸權（hegemony）理論。傅柯在《知識考古學》（*The Archaeology of Knowledge*）中強調西方近代知識建構和權力獲取之間的關聯，葛蘭西則是強調知識建構與統治正當性基礎之間的關係。這對後殖民主義者在理論鋪陳的過程中有相當大的助益。但由於後結構主義和馬克思主義在理論結構上帶有相當程度的張力，逐使得後殖民主義者將這些理論架構用來支撐自身的立論基礎時，也受到了不少的質疑。這些質疑的爭議點集中在後結構主義是否可以與馬克思主義結合？又後殖民主義與後結構主義、馬克思主

義之間的關係應該如何理解？

在Robert Young的著作《白色的神話》（*White Mythology*）中認為，後結構主義與馬克思主義的結合是很不可思議的，因為後結構主義本身是一種解構本質、解構主體的論述，而葛蘭西的文化霸權是以階級為主體，本質上是「階級中心論」，所以，兩者是充滿張力的。但是，在著名的後殖民理論家薩伊德（E. Said）的著作《東方主義》（*Orientalism*）裡，卻將兩者結合，運用傅柯和葛蘭西的理論批判西方中心主義及其所含攝的本質主義。

此外，針對後殖民、後結構主義和馬克思主義三者之間是否可以結合，則具有兩種不同的意見。

持否定說者認為，馬克思主義在本質上帶有一種對西方啟蒙傳統的揚棄、反動的意涵，是以想要重建一套新的啟蒙傳統為基礎的。馬克思主義仍然是一種西方中心主義論述的體系，具有薩伊德筆下的「東方主義」的色彩，最明顯的依據是馬克思在論述資本主義的擴張時，強調資本主義對非西方地區的滲透，會給非西方地區帶來資本主義化的經濟發展。所以，馬克思是一個以西方為中心的「資本主義普世論者」，《共產黨宣言》中

曾強調：「西方的現在，就是其他地區的未來。」所以
很多人認為馬克思主義不屬於後殖民論述，因為其仍然
具有鮮明的西方中心論色彩。馬克思雖然揚棄了西方舊
的啟蒙傳統，但仍企圖建構一個以西方為中心的一種普
世價值；共產主義的訴求以及要求全人類解放是建立在
新的啟蒙傳統下所提出來的，仍是以西方為中心來建構
的。

　　持肯定意見者如後殖民理論家史碧娃克（G.
Spivak），她認為只要由馬克思對資本主義的批判方法是
一種「解構」的觀點來看，馬克思主義與後殖民主義便
可以結合。因為後殖民主義者關心的是西方與第三世界
國家的文化關係，即第三世界如何面對西方文化及意識
型態宰制的問題、第三世界如何面對西方所建構的東方
論述以及第三世界如何面對西方通過啟蒙傳統所形塑的
東方論述下的霸權？即第三世界如何在通過西方啟蒙傳
統所形成的霸權下獲得解放，是後殖民主義者所念茲在
茲的一件事。史碧娃克認為，後殖民主義與後結構主
義、馬克思主義三者的結合是一種「策略性」、「戰略性」
的結合，而非是永恆的結合。所以三者的結合是可能
的，但非是一種永恆性的結合，不通過後現代、後結構

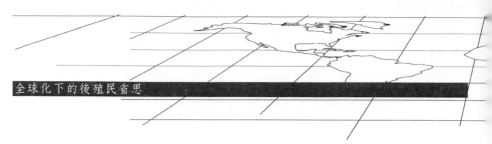

要想解構啟蒙以來的現代性，基本上是不可能的，所以，要在策略上結合起來。

然而，這涉及了另一個問題：後結構主義結合馬克思主義，在解構啟蒙、解構現代性上，又是如何可能的？這是需要一段相當長時間的歷史發展過程的，這部分我們必須歸功於法蘭克福學派的努力。法蘭克福學派（Frankfurt School）的理論建構是基於對法西斯主義的批判與反思，解釋法西斯主義之所以生成的原因。法西斯主義和集權主義的形成，是西方啟蒙傳統所引致的辯證悲劇，是凸顯工具理性、策略理性極大化所導致的結果。

霍克海默（M. Horkheimer）、阿多諾（T. W. Adorno）告訴我們，以西方為中心的文化與文明的歷史，並不具有普世的價值，是會釀成殘酷的悲劇的，例如異化、商品化的現象，便是啟蒙傳統下的辯證悲劇。所以，馬克思主義雖然也是一種以西方中心為主的現代性理論，但卻是由現代過渡到後現代的一個很重要的中介橋樑。

啟蒙傳統帶來西方對外政治、經濟的擴張，這是一種知識與權力之間相互結合、相互滲透的擴張，也是一種西方中心主義合理化的論述依據。啟蒙傳統建構了以

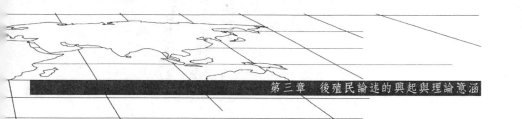

西方為中心的大理論、大敘述，做為一套替西方行為做出辯護的理論依據。這種西方主體中心觀的形成，是在一種歷史情境制約下所產生的，啟蒙以來則被視為是一種普世價值。後現代、後結構主義反對這種看法，認為這是悲劇的根源，並基於對此的反省而躍上學術思想的舞台，這種看法成為之後後殖民論述之所以得以開展的重要依據，若無此二者之鋪陳，後殖民在理論上會顯得十分薄弱。

　　後殖民主義著重在談第三世界如何面對西方的啟蒙傳統所帶來的文化侵略，例如東方主義的論述方式，便是西方啟蒙傳統的具體表現，也是一種以西方為中心的大論述，是一種普世主義價值的大論述的傳承。後殖民主義者關切非西方地區如何由東方主義論述下解放出來的同時，面對後殖民與後結構、後現代主義之間的關係，因為作為一個後殖民主義者，在理論的表現上，通常也會是一個後現代、後結構主義者，這三者的關係其實是彼此關聯的。但是，後殖民主義者承認自己是一個後現代、後結構主義者，那就表示其未曾跳脫西方文化霸權的宰制，所以，後殖民主義者必須強調自己與後現代、後結構主義者之間是一種策略性結盟的關係，因

爲，後殖民主義者在理論論述上是必須通過後現代、後結構主義去作槓桿以打入西方主流市場的。

由後殖民主義看第三世界內部的國家建構、民族建構、文化建構，很容易走上一條「化約的國家民族主義」道路，例如在文化建構上，若過分強調本土文化的民族特徵，則會認爲民族主義是文化建構的唯一內容與結果，從而會要求制訂一種一體化的權威，要人民效忠此種在民族主義思維下所建構出來的權威，而這種要求是與後現代、後結構主義充滿張力的，是反後現代、反後結構主義的，甚至也是與後殖民主義眞正的訴求背道而馳的。

由這裡便導引出一個有趣的問題：第三世界受到西方經濟和文化的宰制，要解除西方這種宰制的合理化辯護基礎爲何？高舉民族主義的旗幟會是唯一的出路嗎？這眞的可以作爲「解殖」的合理化辯護基礎嗎？在這裡，我們便必須要面對殘酷的民族主義建構的命題，因爲若只是將解殖的意義全部歸結到民族主義上，便會很自然的落入後殖民主義者所要批判與解構的西方世界那一套「宰制」性的邏輯中，而這與後殖民論述本身的精神是充滿張力的。而其中關鍵所在是：如何使第三世界

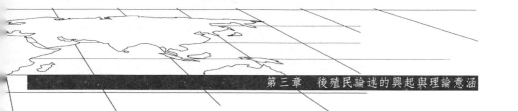

避免在解脫西方殖民的同時，落入另一種內在殖民中。

後殖民論述者批判西方文化霸權的同時，也就是在批判西方中心主義，以及西方中心主義形成的歷史基礎——啓蒙的傳統。他們認爲西方本質主義的源由是來自啓蒙的大傳統，因爲啓蒙傳統的存在，使得西方相對於東方存在一種優越性。東方由於沒有經歷過啓蒙時代，所以在歷史的發展上是落後於西方的。這種批判雖然指出西方本質主義形成的歷史謬誤，但卻也不可避免的落入了另一種本質主義中。

後殖民主義者批判西方中心的同時，容易落入由第三世界與西方世界在文化、語言的差異性上去批判的西方中心主義與本質主義；或強調由自身本土性去批判西方的普世價值與標準。後殖民主義者在批判時，所用的仍是區隔「你」、「我」或是「我」、「他」這種二元對立的思維模式，而且是更加「嚴格」的區分出來。換言之，基於第三世界不想被西方一體化的思維，後殖民主義者容易透過第三世界的語言和文化本土化的特性，來批判西方中心主義的本質主義。但也使得批判者的批判邏輯也犯了被批判者相同的錯誤，因爲仍是以二分邏輯在建構論述，以另一種本質主義來作基礎。所以後殖民

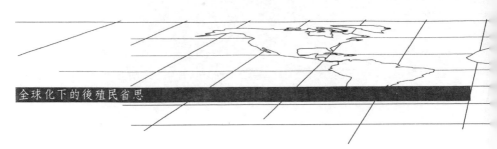
主義者被迫必須面對一個相當嚴肅的批判邏輯上的方法
論難題：如何避免用另一套本質主義來批判西方本質主
義，如何避免利用另一種二元區隔來批判西方的二元區
隔。也就是說，在思索西方和非西方文化上如何互動
時，是否能不以本質主義、本位主義作爲思考起點。

## 後殖民論述中的文化本質批判

　　雖然一般學者習慣將薩伊德的《東方主義》當成是
後殖民理論正式開始的起點，但是如果要認眞探討後殖
民概念究竟起始於何時，那法農（Fanon）絕對可以算是
開啓後殖民論述的先驅。雖然由於法農英年早逝（1925-
1961）使得他在後殖民論述上沒有發展出一套完整的論
述，但是他關注非洲人民身分認同問題所提出來的「去
本質」的文化論述以及「內部殖民」等問題，對後來的
後殖民學者影響很大。

　　法農曾經提出「批判性的民族主義」概念，用來避
免在殖民主義下所產生的民族主義被發展成極端的文化

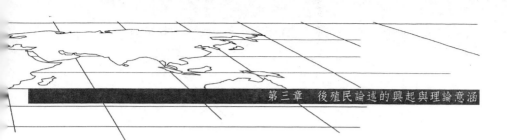

本質主義或民族本質主義。法農有鑑於在殖民母國的文
化或思想入侵殖民地時，會有人站出來高舉民族主義的
旗幟來對抗／抗拒殖民母國的侵略，避免喪失殖民地的
自主性或主體性。然而這種民族主義後來卻變質成為極
端的文化本質主義者，當殖民統治結束後，那些高舉民
族主義旗幟的人，搖身一變為民族文化主義者，他們要
求回到殖民前的本眞的或純眞的民族文化或種族文化，
他們設定殖民之前有一個文化傳統，並且要求必須回到
這個傳統才算是眞正擺脫殖民。法農認為這樣的訴求其
實是不切實際而且是脫離現實的，他們以為人們可以跳
脫殖民的痛苦回到殖民之前，然而其實這是沉澱在過去
而不敢面對未來的一種表現。法農認為這種「文化民族
主義」，宣稱要去發覺／尋回人民本眞／本質的文化力
量，這根本是一種「文化民粹主義」的出現。這種文化
民粹主義的操作會出現一個重大的迷思／謬誤：亦即將
過去的文化與歷史神秘化、化約化或齊一化，將歷史文
化的複雜性簡化／化約成單線或單純的發展，讓「活的
歷史」變成「死的歷史」。法農認為通過這樣的操作，這
些文化民粹主義的宣揚者會自我塑造／膨脹為民族文化
的保衛者及發揚者，並且進而掌握文化霸權與統治霸

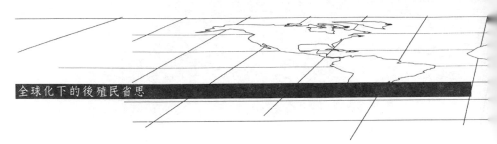

權，形成一種新的宰制甚至可以說是殖民力量，說得明白些，法農認爲這些人是以文化民族主義當藉口，進行另一種新形式的「內在殖民」，而人民則成爲另一套殖民主義的受害者。當人民擺脫外在殖民時，又遭受內在殖民，眞是何其無辜與可憐！法農認爲這些操弄者可惡之處在於他們利用文化民族主義的訴求挑起人民感情的同情／認同，但事實上卻是提供一套精神的麻醉，一種文化民族主義的「精神鴉片」。法農認爲，從歷史發展的長遠角度來看，根本不可能存在凝固的、結晶的、亘古不移的本質式的傳統文化，因爲任何一個地區，尤其是一個被殖民統治過的地區，文化更是經過多重的混合與雜交，根本不可能有所謂純眞的文化傳統，如果堅持有，那只是一種自我禁錮與自我麻醉，只是一種抽離歷史的夢囈。

我們或許會疑惑，如果文化本質的看法必須被文化雜交的事實所取代，民族主義不應該被當成本質式的、回復傳統的訴求，那殖民地人民到底應該如何面對未來？在這裡我們必須指出，法農的民族主義觀點主要的目的在於掙脫外來統治的策略性應用，民族主義可以用來「打」天下，卻不適合用來「治」天下。因爲民族主

義的操作一不小心就會轉變為極端的民粹主義，就會釀成很大的災難。所以法農認為民族主義在革命後要轉變為社會改革意識。社會改革意識即指通過制度的設計，避免新型態的獨裁統治權貴的出現，以避免內在殖民出現的可能。尤其是新型態的統治權貴往往會與殖民母國掛鉤以逐行統治的可能，這一點更是需要防止。

　　法農提出批判的民族主義，主張沒有純真的文化傳統存在。法農主義最大的貢獻在解除外在殖民之後，也提出如何解除／避免內在殖民的可能。在法農看來，消極的後殖民論述會把後殖民狀況等同於整個殖民主義新形式的延續，認為殖民狀態從未結束，並且認為後殖民狀態是作為一種新的殖民狀況出現／存在。法農強調，這是為後殖民狀態下的統治者之無能的卸責辯護的表現，同時也是為後殖民狀態下的獨裁統治合理化的表現。法農認為積極的後殖民論述是結合／瞭解歷史現實而積極走出後殖民狀態的。法農認為，當代的資本主義的歷史與西方歷史聯繫在一起是個不爭的事實，但是到了二次大戰後，我們不應該再把這種聯繫繼續看成是一個當然且不變的狀態，而忽略了非西方國家的參與與作用。故法農認為積極的後殖民觀點就是指第三世界的人

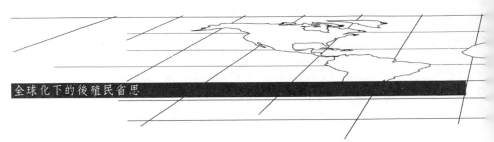

要向全世界開放，並積極投入／參與資本主義的歷史，對資本主義的懼怕或排斥，其實是來自對自己無能的卸責與遁辭。法農認為資本主義不該是西方力量的禁臠或專利，它同樣是屬於第三世界的，第三世界應走出自艾自憐與抗拒排斥的心態，積極走上世界舞台，走出去成為世界互動格局中的一員。

法農這樣的主張固然在第三世界受到褒貶不一的兩面評價，然而其作為後殖民論述的先驅卻是殆無疑義的。

法農對文化的論述對後來的史碧娃克與霍米巴巴（Homi Bhabha）都造成相當程度的影響。在史碧娃克和霍米巴巴的看法裡，其實任何形式的對文化的二元劃分，都是一種具有嚴重精神病狀的想像，帶有相當高度的政治和社會陰謀，現實世界中根本不存在文化上的二元區分，這是一種十分粗糙的知識切割與想像。史碧娃克和霍米巴巴認為，西方在啟蒙傳統下將對非西方文化的滲透，當成是一種對非西方地區在文化上的教化與開發，但其實，西方在教化非西方地區時，其自身的文化的內涵也同時受到了衝擊與轉換，換言之，西方文化自身的內容與意涵也產生了新的變化，這是因為不同文化

彼此之間的流動不是單純的以「一育一化」、「一教一化」進行的，所以，文化的互動是不可以化約的由「淨化」或「純化」的角度出發去思考。由淨化或純化的角度來思索文化的交流，很容易形成一種暴力式的、類似集權主義的思考模式，容易演變成是爲了方便集權統治而做出的合理化辯護。我們應該意識到，在文化交流的過程，是具有一種「雜交性」的。文化之間彼此互相滲透、融合，呈現一種不同以往單一文化的新面貌，換言之，文化互動是一種「雜交」的過程。

　　至於在後殖民主義亦是從另一種本質主義去批判別人的說法上，史碧娃克做了十分技巧性的答辯。她認爲要批評別人，當然可以從另一種形式的本質主義批判它，這是一種「策略性的本質主義」的批判。

　　通過葛蘭西的文化霸權理論，史碧娃克和霍米巴巴認爲，西方對非西方的殖民宰制，絕非只是透過軍事武力，而是通過文化，使非西方的人們自願臣服於西方的文化宰制之下，非西方地區的人民成爲相對於西方的一種「屬民」（大陸翻譯成賤民[subaltern]）而存在[4]，在這種文化「主導—從屬」架構下，西方的語言替代了非西方世界的本土的語言，主導了非西方世界的文化與上層

建築。

# 後殖民論述中的話語權力與女性主義批判

　　語言和概念範疇的被宰制，使得被殖民者的主體性無法彰顯、昂揚。文化霸權背後所代表的菁英主義，使第三世界落入權力與知識的宰制霸權。史碧娃克在其著作《屬民所以能夠發言嗎？》（*Can the Subaltern Speak?*）中，由語言的面向著手，強調語言代表性的問題，認為第三世界人民應該用自己本土的語言進行表述與發表看法才算真正的「說話」，但在西方文化的籠罩之下，本土化的內涵、意義以及是否真的存在都成問題，而且，基於使用效益和市場考量的向度上，強調一定要用本土化語言所做出的論述是否有意義、有發揮使用的空間亦成問題。但語言的選擇與使用卻是牽涉到屬民的主體意識能否昂揚的最根本問題。

　　「話語權力」也是後殖民理論批判中重要的一環，「誰能說話」、「用什麼形式說話」是史碧娃克十分關注

的重點，史碧娃克觀察到自己先天身分上所具有的矛
盾：一個生存在西方的東方人、生存在男性世界為主中
的女性、第三世界相對於第一世界中心位置的邊陲化人
民，讓她關注到「話語權力」的問題，她由自身所感受
到處身於這三種「邊陲身分」讓她感受到的壓力為起
點，重新思考自己的歷史記憶與文化身分，並且將之形
成一套研究途徑去重新看待第三世界婦女的「發語」問
題，並且重新審視自己民族的歷史記憶與重構自己民族
的歷史。也因此，史碧娃克的研究將後殖民理論與女權
主義、馬克思主義、解構主義等結合在一起，用自己所
處的「邊緣」位置帶出有關「話語權力」的論述。她由
女性主義的觀點去看待父權觀念下女性「發語權」遭受
剝奪的情況，由解構主義中的權力話語概念來解析後殖
民理論中「東方」的定位問題，運用馬克思主義理論來
對西方殖民理論進行審視以及解構，探討「歷史還原」
的真相問題。她在方法論上的核心思想是解構主義所揭
櫫的反對一切中心思想和二元對立，而這一點也表現在
她的理論上面。

　　在研究女性／屬民的「發語」／「說話」問題時，
史碧娃克認為這是來自於一種宗主／臣屬之間的二元分

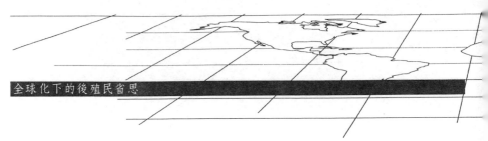

野，使得臣屬在這種分野狀態下變得「失語」，或者必須以宗主的語言來「發語」，但後面這種發語所隱含的意義，是臣屬「非自願的」被整合進入了宗主的圈子裡，並且通過這個整合機制來消隱了臣屬與宗主之間的各方面差異，使得臣屬無法以自己的或自己願意的聲音來發言，而必須通過宗主認可的聲音或形式來發言，久而久之臣屬甚至遺忘自己原來的發言模式／型態。換言之，這種整合的結果，是在一種霸權的優勢作用／主導下，將各種族、性別、階級的差異給消隱了，而只表現出霸權所能接受的模式／型態。史碧娃克以自己為例來說明這種情形：當她在追求「主體同質性」的西方菁英身分的同時，不自覺的遺忘了「主體異質性」的邊緣文化身分。因為當她做為「邊陲化臣屬人民」時她沒有發語權，而當她進入「中心話語圈」而獲得其發語權時，她卻只能以第一世界的話語發言，所以第三世界的發言聲音／方式在她身上成為一種不具意義的存在，即使她在第一世界擁有發言權，她仍是以第一世界的聲音／形式發言，她的發言允許來自旁人對她第一世界身分的認可，而非對她第三世界身分的尊重。整個第三世界／邊陲化臣屬人民身分的聲音仍然不會被聽到。

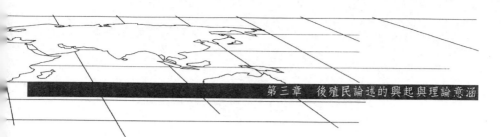

　　後殖民主義者認為語言與文字的使用和流通方式，對非西方族群要形成集體認同是攸關重大的，是一個非常重要的必要條件。第三世界文化屬民要建立有別於非西方的自我主體意識，必須非常小心、審慎的去選擇語言和文字的使用。因為在西方的制約下，文化屬民在語言、文字的選擇上一開始便受到相當的壓迫，如果一定堅持要用自己本土化的語言與文字，則幾乎不可能在西方世界獲得「說話的空間與權力」，所以這些屬民仍然必須使用通行於西方的語言、文字來作「說話的基礎」，來突破西方的文化霸權，而不是使用本土的語言和文字。

　　所以，史碧娃克和薩伊德雖然出生於第三世界，但在西方世界卻仍是用其主流語言來取得發言權，並藉此去推動整個後殖民論述的開展，他們之所以可以建構一套完整的後殖民論述，並且在西方世界中形成一種主流論述，這與他們善於使用西方主流思想中的語言與文字，並因此而取得發言權是有很大的關聯性的。

　　史碧娃克在後殖民論述中還有另外一項重要的貢獻，就是對後殖民女性主義的重視，她讓女性主義與後殖民主義的論述結合並試圖賦予第三世界女性在話語權力中一個可以被重視的地位。史碧娃克的後殖民女性主

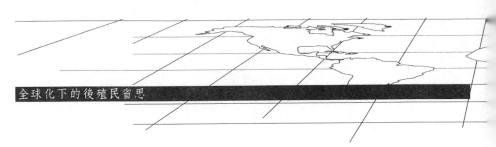

義論述之所以出現且引起很多女性主義者的重視，是由於女性主義者不滿許多後殖民主義論述者跳脫性別意識，單純的且不自覺的認為後殖民主義是男性中心的論述，而不敢觸及性別壓迫／宰制／不平等的存在事實，當後殖民主義者對帝國主義的壓迫大加躂伐時，卻不敢／不肯／不願意去面對來自性別的壓制／壓迫。而這種父權中心觀／男性中心觀的論述使得第三世界國家的婦女受到雙重的壓迫：外來的帝國主義與內在的父權主義體制觀念相互加成的對第三世界的女性進行宰制與壓迫。故女性主義者認為後殖民主義如果要真正體現人道主義或人本精神，那就要正視性別殖民，真正體認到父權體制對婦女的宰制與壓迫，而不要只是以剝掉外層的壓迫而躊躇滿志，卻忽略了殖民本身的真正意涵。

雖然通過史碧娃克等人的努力讓第三世界婦女受壓迫的事實為人所重視，然而，後殖民主義論述者仍然沒有回答女性擺脫雙重殖民如何可能。關切第三世界的女性主義者在八〇年代開始批判西方的女性主義者，認為西方女性主義企圖通過自身的女性形象建構／塑造而將所有的女性或婦女形塑成一個普遍的意涵，成為可以跨越西方與非西方、種族、階級等等範疇的身分意象。然

而這樣的作法忽略各地婦女存在形象與作爲上的差異性，只表露出西方中心觀下建構一體化形象／行爲的企圖。換言之，把西方女性的經驗／形象強加在第三世界的婦女身上，認爲第三世界婦女可以依西方世界的婦女模式生活或行動，只是另一種殖民主義／現代化主義的變體，這對第三世界的女性主義者來說是無法接受的。第三世界的女性主義認爲這種對西方女性的批判不是女性主義的窩裡反，恰好相反，而是爲了讓後殖民主義論述中的女性主義論述眞正成爲可能，讓女性主義的訴求能夠回歸現實、回歸歷史而成爲女性解放的眞正助力。

# 東方主義論述與其回應

西方學者班迪克安德森（B. Anderson）在其著作《想像的共同體》（*Imagined Communities*）中解釋近代民族主義之所以發展的原因。安德森認爲，西方民族主義的發展，與印刷技術的出現及建立在此基礎上的各種語言文字的使用和傳播是有相當密切的關係的，印刷術的

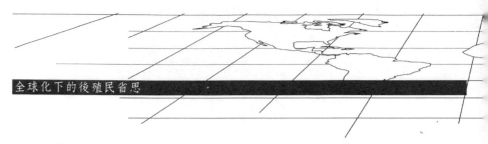

發展是促進資本主義發展的必要條件，同時也造成近代民族主義的出現[5]。

我們先由薩伊德的東方主義談起，薩伊德的《東方主義》一書被認為是開啟了後殖民論述的代表作[6]，書中主要強調三個特點：首先，他在批判西方對非西方的文化關係時，認為西方是以一種「普世主義的歷史主義」觀點來看待世界歷史發展的，西方認為世界的歷史是一個統一的整體，而西方是位於歷史發展中的頂端，是扮演帶動歷史發展的「帶頭雁」的角色，世界各地歷史的發展雖然各有不同，但最後仍會歸向西方這一條路上來。薩伊德批評說，這是一種「歐洲中心主義」的觀點，把歐美視為歷史發展的核心頂點，而且用以判斷其他非西方世界的發展，並認為非西方正走在西方曾經走過的道路上[7]。

其次，東方主義是一種文化本質主義，西方將自己的文化視為是歷史發展下最完美、成熟的結果，並據此刻意去忽略或不重視非西方世界的文化，並刻意取消不同文化的差異性，並進而形成一套「東方論述」，建構出一套西方眼中的「非西方」。同時在把西方世界與非西方世界的文化同質化、一體化，刻意忽略非西方相對於西

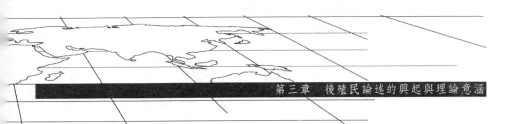

方的文化差異性時，也把非西方世界的文化給「化石化」、「古董化」（fossilized）了。

最後，支撐東方主義的認識論基礎是十分特別的，這一套認識論基礎是奠定在西方相對於非西方的權力關係及由此延伸出來的權力操作現實上，東方主義的生成是在西方向外擴張並與非西方世界接觸、比較的過程中形成的，其核心是一套以西方為中心的論述架構。所以東方主義的建構是一種權力操作和權力實踐，這一點正是傅柯的權力—知識運作的機制所揭櫫的。東方和西方之間的關係成為一種辯證的存在，東方論述成為西方對非西方知識—權力操作展現的一環，換言之，東方論述可謂是一種知識帝國主義的表現。

薩伊德的東方主義雖然強力且合理的批判了東方主義，但他在論述的過程卻也有其疏漏之處，批評者認為薩伊德在理論處理部分過分著重於對西方的批判，但卻未進一步處理西方形塑東方的過程中，非西方世界的回應或產生的對應問題，同時也未處理西方內部自身在建構東方上的意見分歧的問題，薩伊德是以「整個西方」當成批判的對象，但反駁者認為這是一種十分化約西方的作法，是將西方內部當成是以鐵板一塊的態度來完成

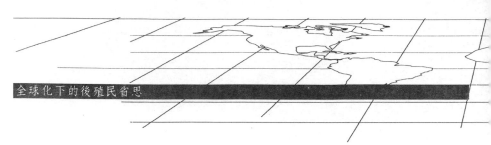

東方論述的。事實上，在形成東方論述的操作過程，西方內部亦出現一些反思東方論述架構是否合理的批判聲浪，薩伊德刻意忽略這些批判聲浪而將批判矛頭對準整個西方，未免有欠公允。而且薩伊德所觀察到的東方論述建構過程具有高度的地理時空的侷限性。薩伊德的出身是在巴勒斯坦，他所關注的焦點自然集中在他眼中的西方對這一塊土地的「重現」與「再建構」，主要是集中在中東地區或其附近的領域範圍，這種有地理侷限性的東方論述批判是否適用於推論到其他地區，例如中國分析或東南亞分析上，也不無疑義。

事實上，西方本身對東方論述的建構偏差，早已有人開始注意並且反思批判，在孟德斯鳩（B. Montesquieu）的著作《來自波斯的信函》（*Persian Letters*）中，便是以一種批判的角度來看待東方論述，認為東方應可以為西方文明注入新的活力，並且可以促進人類文明的再啓蒙。而在Oliver Goldsmith的著作《世界公民》（*Citizen of the World*）亦表達出與孟氏相同的概念。若我們將關注的焦點放到中國大陸研究上，如清末賽珍珠女士的作品《大地》，描述中國農家的生活情形，一直被視為是當代中國研究相當重要的代表著作，因為其有相當的中國生

活經驗，使其作品中也流露出具有「中國化」、「東方化」的生活經驗。又如延安時期採訪毛澤東的記者斯諾（E. Snow），他的著作《西行漫記》亦有相當的代表性，也是研究中國的重要文獻。因為他們都具有「東方化」、「中國化」的身分。

Paul Cohen的《在中國發現歷史》（*Discovering History in China*）、John Shrecker的《前瞻歷史視野中的中國革命》（*The Chinese Revolution in Historical Perspective*）皆認為，要理解中國、分析中國，必須要確立以中國為中心的觀點，所以，在方法論上嚴格區隔中國／非中國，要由中國的縱向／橫向歷史去瞭解中國，借用薩伊德的東方主義去批判中國研究的盲點與錯誤，所以，歐美的中國研究亦不斷在作反思，也不是鐵板一塊的[8]。

雖然西方通過東方主義建構了一套東方論述，然而，東方也非全然被動的接受西方的東方建構，東方在面對西方的東方主義氛圍下往往會採取下列三種作法來做出回應：

第一種是採取「自我西方化」或自我被殖民化的方式，這是依循西方現代化的論述來作為發展或進步的目

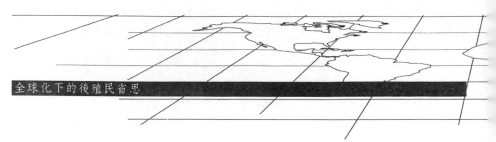

標／途徑，將西方模式視為是一種發展的重要依據與指標。然而這種現代化論述基本上預設了一套東方論述，都是含有歐美中心主義作為其背後意涵。

第二種則是採取「自我東方化」，東方通過以經濟或商品操作的方式，來強調東方自我的特色與發展方向，是東方依據東方社會或東方傳統所形塑出來的一套自我東方論述，如強調本土文化或古蹟、中華文化主題館等，是非西方世界中自我建構的東方論述的表現，並且將之落實在國家機器對各種不同的層面的控制；同時藉由在政治上強調本土性與傳統文化的復興，讓官方對反對／反抗國家機器的人民或團體具有壓制的合法性藉口，或成為壓制這些多元意見或異議聲音的正當性來源。這種壓制多元化意見的做法，容易走上文化保守主義的方向，成為既得利益或權力擁有者保有權力的操作模式。

第三種是「西方論述」的建構，即是東方通過對西方的想像與認知而建構出一套「西方是什麼」的論述。自我東方化著重區隔西方／非西方的差異性，而西方論述的重點則放在「西方具有何種特質」、「如何認識西方」等方向上來做論述。然而這種論述建構發展到一個極端

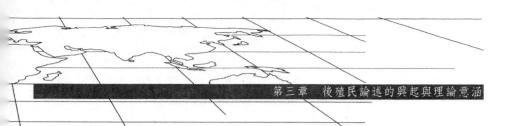

程度時，會由激烈否定的方式去塑造西方形象，因為這種塑造／建構的背後是以一套文化民族主義來支撐的。用與東方主義相同的邏輯或方法論把西方的文化視為是同質化與一體化，對西方文化進行化約建構與認識，讓西方文化被「化石化」或「冰凍化」而成為一種方便東方對西方文化的認知圖像。我們可以說，當西方建構東方圖像時，背後有一套文化民族主義，這是一種化約；然而當東方建構西方圖像時，同樣背後也有一套文化民族主義，這也是一種化約。這種文化的化約／物化，取消文化生動活潑的內涵，固定突出文化的某些特徵，並將之固定／定型化，這都是一種建構論述。

　　在現今國際上能提出建構一套西方論述的東方國家，比較明顯的有中國、日本、新加坡和印尼，這些國家之所以有能力建構／形塑一套西方論述，背後皆是以經濟成功作為籌碼，經濟成功使得這些國家在自我東方化的同時，也提供他們建構西方論述的可能與正當性，特別明顯的例子是日本與中國。日本在八〇年代除了進行自我東方化外，同時也建構出一套西方論述，這一點與日本民族性有關，日本長期以來習慣學習／仿效他人的長處而融入自身的文化，並且將之蛻變出另一套具有

日本特色的傳統。而日本的西方論述來自於日本希望發展成東亞大國／強權的企圖／焦慮，這種焦慮與近年來日本面對中國的崛起與東協的合作同盟有很大的關係。

而中共的自我東方化則是表現在一套「有中國特色」的論述上面，特別是表現在與西方觀念中的人權、民主等議題的差異上。中共以一套自我東方化的論述以及根據這套自我東方化論述做基礎形成的西方論述來做配套，形成整個後社會主義時期意識型態／思想脈絡的正當性，並且表現在中共對西方「反和平演變」的訴求上。這套訴求對外用來抵抗改革開放之後來自歐美／西方的壓力以及影響力，對內則用來壓制內部多元化的意見，所以同時具有外交和內政上的意義，可以用來壓制任何對黨、對國家權威可能形成的挑戰。換言之，中共藉由這一套論述，成功的為自己在後社會主義時代的領導奠定了政權的正當性與合法性。

然而並不是每一個東方社會或國家皆有能力形成一套西方論述，一套論述的形成一定要形成一種討論、引起注意效應的才算建構或形塑成功。西方論述通常是由一個知識集團所提出／建構的，當然國家機器也有這個能力／資格。無可否認的，中共的國家機器和知識份子

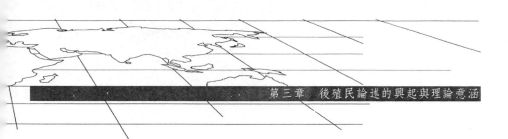

都有這個能耐，有趣的是，中國的西方論述在形成的最初其實是為了挑戰國家的壓制權威，例如當初名噪一時的影集《河殤》，要求中國作為一個海洋國家應該面向西方，看似在訴說中國的未來，背後的意義卻是在挑戰黨的權威。而中國的中國特色論述，表面上看來是強調中國的主體能動性，實際上卻也是在確立建構西方論述的理論正當性。

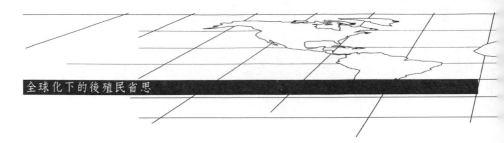

## 註 釋

1 賴皆興，〈中共意識型態中的後殖民意涵：從馬克思主義中國化到三個代表〉，台北：國立政治大學東亞所碩士論文，民91，頁9-10。

2 陶東風，《後殖民主義》，台北：揚智文化，民89，頁1-4。

3 Stephen D. Krasner, *Sovereignty: Organized Hypocrisy* (Princeton University Press, 1999), pp.3-9.

4 參見曹莉，《史碧娃克》，台北：生智，1999，頁132-145。

5 Benedict Anderson著，吳叡人譯，《想像的共同體》，台北：時報文化，民88。

6 Edward Said, *Orientalism* (New York: Vintage, 1979).

7 Arif Dirlik, *The Postcolonial Aura: Third World Criticism in the Age of Global Capitalism* (Westview Press, 1997), p.106.

8 Paul A. Cohen著，林同奇譯，《在中國發現歷史——中國中心觀在美國的興起》，台北：稻鄉出版社，1991，頁11-18。

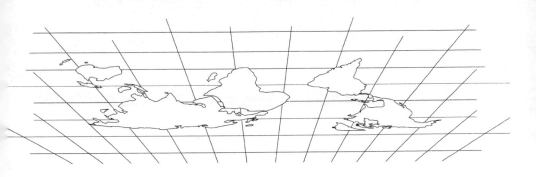

# 第四章

# 後殖民論述下的文化雜交

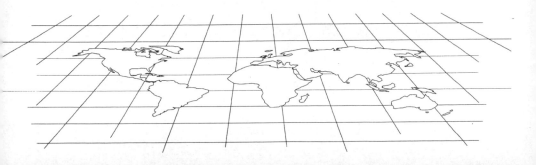

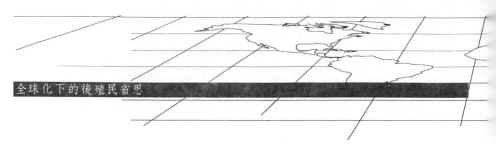

　　全球化議題所面對的最大挑戰通常是對於「何謂全球化」與「誰的全球化」的質疑，這種質疑來自對全球化的認知與理解往往被通過經濟向度來進行[1]。經濟全球化的正當性仍是奠定在一套以歐美爲中心的東方論述的基礎上，而東方論述被認爲是在經濟全球化過程中西方對東方在文化向度上的一種霸權表現，代表通過以更細緻的東方論述來作爲西方經濟全球化的正當性辯護基礎，同時也展現了西方文化霸權對東方的宰制與壓迫。

## 後殖民論述中的時空迷思

　　由西方／歐美中心角度來看待在全球化的發展，很自然的會認爲在全球化這個大的時代架構制約下，民族或民族國家的角色會被消蝕，而被另一種跨國家、跨民族、跨區域的力量所替代，例如一些跨國公司、跨國組織或是非政府組織，然而批評者認爲這種思考邏輯的背後，仍是包含了一套西方中心主義下的東方論述，因爲當西方／歐美一廂情願的認爲，所有的藩籬皆會被沖垮

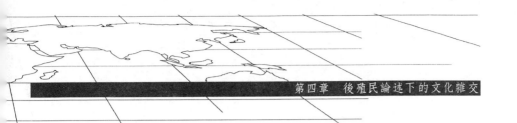

而納入全球化體系之中，這仍是單純的由西方的想法本位出發，自覺／不自覺的讓西方發展出來的這一套全球化操作模式向其他非西方地區擴張，卻忽略了其他地區／民族／國家的看法或接受與否。

批評者認為，由非歐美／西方中心角度來看，會認為這種經濟全球化，便是以歐美為中心的資本主義全球化擴張，背後所帶來的便是一種歐美經濟力量的宰制，同時伴隨經濟宰制而來的是一種以歐美／西方為中心的文化宰制，企圖通過民族國家的消融／瓦解來達到西方對非西方地區的霸權宰制，讓西方力量跨越非西方地區的民族／國家力量來達到殖民統治的目的，所以非西方國家在面對西方的經濟／文化力量入侵時，將更強調民族／民族國家的重要性，對全球化也抱持著質疑與反對的態度。

文化復興的議題也就在這種情況下，表現出「文化民族主義」的形式，這種藉由抗拒西方來表現東方特性的具體代表就是儒家文明，儒家文明在中國近代的發展是十分坎坷的。在西風東漸下，在韋伯的論述下被認為是中國邁向現代化的障礙，但在二次世界大戰後，由於台灣、中國、新加坡、韓國的經濟發展，在韋伯的論述

下，同樣被由谷底提升到高峰，被認為是帶動經濟發展的主因。

在現代化論述的制約下，抽象的「傳統」被當成是國家進行現代化過程的主要障礙，然而這一點在反西方論述中被顛覆過來，最明顯的例子是中國。中共在進行自我東方化時，以儒家傳統作為一種帶領華人世界通向現代化的指導工具，強調儒家文明的重要性，於是儒家文化又開始搖身一變成了一個符合時代意涵並指導中國先進文明前進方向的寶藏，中共通過標榜儒家文明的目的，除了中國的自我東方化作用外，也同時涉及了中國對其他東亞地區的主導性與優越性，並且形成了中國對東亞地區的一套東方論述。所以當大中華經濟圈被中共提出時，便曾引發了許多東南亞國家的反彈，因為這與西方藉由建構一套文化論述／知識論述來進行文化宰制的手法如出一轍。像是知名大陸學者杜維明高舉「新儒家」的旗幟，重點不在對儒家原典的詮釋與復興，而是在建構一套中國對東亞地區的東方論述，這種論述的歷史觀與企圖心是非常大的，其背後的論述依據又是另一套知識／文化霸權的展現[2]。

後殖民主義的批評／討論焦點通常是集中在「後殖

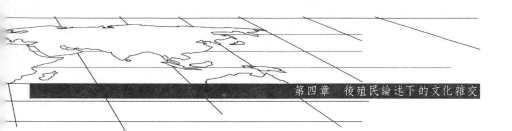

民狀態」（postcoloniaity）上面，認為一些曾經「受殖」
的地區，雖然在形式上已經脫離殖民狀態，然而在經
濟、文化上仍然受殖民母國／西方霸權的宰制／制約，
甚至一些未受殖的地區在二次大戰後亦然，是處在一種
「準殖民狀態」下。面對這種批評，我們必須思考是否符
合現實邏輯，是否符合國際現實，因為這些批評是後殖
民主義論者的論述前提，不由思考這個問題下手，後殖
民理論將會變得很抽象、很空泛，而淪為一種情緒發洩
的理論。

　　批評後殖民主義者認為，後殖民理論家在理論論述
／建構／批判上，由於忽略現實而犯了幾個迷思：

　　1.將所有殖民國家與受殖國家的狀態／過程視為是相
　　　同的，並且認為所有受殖國家都會處在一種相同的
　　　後殖民狀態中是一種去歷史／反歷史的作法，認為
　　　不管是受殖／非受殖的國家，仍脫不出西方經濟、
　　　文化的宰制的說法是不符合歷史與現實的。因為不
　　　同的地區所受的宰制，其途徑與方式都不相同，帶
　　　來的結果與作用、後續發展自然也不會一樣。但是
　　　後殖民理論家把他們皆當成是一體適用的，而忽略

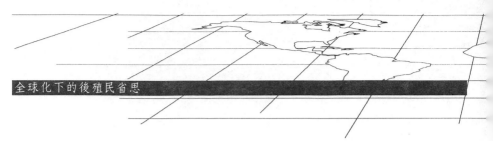

了其中的差異，不管這是刻意忽略或是因爲沒有能力處理，都等於是對非西方世界進行一種去歷史化的工作。

2. 後殖民的概念究竟是在指什麼？如果是對要求非西方擺脫西方宰制的解放（從文化／思想向度著手）而言，則這種解放的過程其實由十八、十九世紀便不斷開始在進行了，如果不是要求解放的進行／實踐，則眞正的後殖民究竟在指稱什麼？這種對解放進行與否的忽視又是一種去歷史／反歷史的特徵。

3. 後殖民批判者有將殖民現象普遍化、誇大化的意涵在裡面，容易因爲誇大後殖民的普遍性而做出不正確的西方／非西方的關係，這種論述在方法論和認識論上是站不住腳的。

這些疑問點的確是後殖民理論學者難以迴避的問題，也是我們在面對使用後殖民理論來做觀察／論述時必須嚴肅面對的。

# 對歷史性的反省：後殖民批評中的歷史問題

　　後殖民理論學者之所以容易犯了所謂的去歷史／反歷史的謬誤，是因為在理論建構／論述的過程中，論述者為了論述上的方便，往往自覺／不自覺的定位在與過去一刀兩斷的基礎上進行論述。然而這種與過去劃清界限的做法犯了一個嚴重的錯誤，這種以化約的、去歷史的角度來進行論述的做法，是表現出理論建構者沒有能力去重建過去甚至是面對過去／分析過去，是一種烏托邦式的解讀方法來詮釋過去，是一種非歷史、反歷史的。這也造成論述者在論及後殖民狀況時，會被捲入一種去歷史的、反歷史的錯誤之中，忽略了各種殖民狀態的差異性／特殊性，忽略現實狀態而將後殖民狀態一般化／一體化／普世化，用一種普遍性的大論述模式來標榜出西方對非西方的宰制／制約問題。這種理論建構不僅是背離辯證的精神，同時也背離了現實，與真實的歷史／歷史主義的距離愈來愈遠。雖然後殖民論述的成功

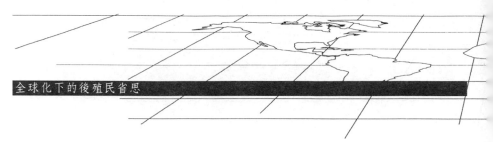

之處即是去除了不同地區的後殖民差異性而呈現出西方
對非西方的宰制／制約，但是其失敗性亦在此。因為這
會造成在談到未來的策略／對應做法時，容易使人陷入
一種目的論式的錯誤裡面、一種反歷史／去歷史的錯誤
之中，而把非西方世界的發展看成是一個理論建構／論
述預存的目標，從而產生另一種本質主義／本位主義[3]。

　　所以，如果我們將歷史重新帶回後殖民主義的論述
中，則下面四個問題是我們必須要去反思／面對的：

    1.後殖民理論／批判的定位問題：後殖民主義學者的
　　批判火力往往集中在對西方中心主義的批判，忽略
　　了不同地區、國家內部存在的「內在殖民」問題，
　　這種內部殖民問題存在許多地區／國家，例如西
　　藏、台灣。

    2.西方與非西方的鬥爭／解放的歷史，已經持續進行
　　了數百年的時間，面對這樣的歷史，我們當如何界
　　定後殖民的存在？即在這種狀態下，如何界定「何
　　時」才算後殖民起始／狀態？

    3.殖民／被殖民嚴格來說，並非只有發生在西方對非
　　西方的關係上，相同的狀況一樣會發生在西方自己

內部和非西方自己內部，這種延伸出去的後殖民地
帶同樣需要被考慮到，然而問題是，這種殖民／後
殖民如何被定位？其範圍又當如何界定？

4.在人類的文學史或政治發展歷史上來看，沒有後殖
　民名稱的後殖民現象早已存在了幾百年，例如第三
　世界的反抗運動或文學運動的文學文本，皆可以視
　爲一種後殖民論述。只要思考任何一種霸權形式／
　本土間的文化、政治、經濟的關係時，各形各色的
　後殖民批判論述其實就會出現。如十九世紀以來出
　現的社會主義、共產主義，包括中共的許多領導人
　著作，事實上皆可以被視爲是一種後殖民批判的文
　本。如果從文化的角度來看，那後殖民理論的時間
　點又該如何界定？

　我們將問題帶到另一個向度上，若後現代主義／論
述打開了質疑歐美中心主義的批判空間，則後殖民主義
的論述應該扮演讓這種批判的空間全球化的角色，讓非
西方世界的地區向後現代論述開放，這代表後殖民批判
在批判歐美中心的本質主義、反對歐美中心主義的大論
述的同時，就不能在自覺／不自覺的批判中建構了另一

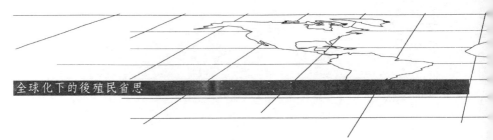

套要求，一體化、一致性的大論述／大敘述，後殖民論
述如果想要跳出這種建構一套大論述模式的陷阱，就必
須向後現代論述的方向傾斜，那這是否又陷入另一種西
方文化／思想的制約之中？

　　近百年來西方／非西方的殖民衝擊，一方面激發了
歐美中心主義的出現，但另一方面也激發了非西方世界
的種族主義、民族主義、第三世界的觀念，然而這種
「西方」／「非西方」相對的觀念都是一種本質化／物化
的命題，都是後殖民論述所必須揚棄的對象。說得更具
體一些，第三世界這個概念之所以會相對於第一世界，
是啟蒙以來工具理性／經濟理性邏輯下的現代化思維的
產物，是在「本質化」資本主義和社會主義衝突下的產
物，同時也是本質化資本主義和社會主義鬥爭下的戰場
與犧牲品。

　　其實，民族主義／種族主義皆是在西方／非西方在
本質化運動下的產物來捍衛本質化的角色，作為這種相
對於「他者」而強調「我者」的角色存在，民族主義不
會為人類解決任何問題，而只會創造悲劇。同樣的，如
果後殖民主義只是作為槓桿，是用來對抗西方中心主義
的一種本質化的論述，則它只會成為另一種錯誤。論及

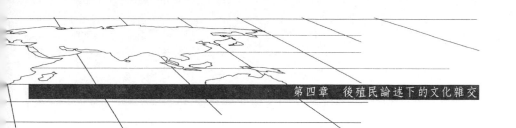

此，文化雜交（hybridity）的概念便必須浮上檯面，做爲反思後殖民理論可能變成另一種本質主義時的邏輯思維出口。

# 文化雜交的內容

雖然我們會想到用文化雜交的概念來避免後殖民主義向另一種本質主義傾斜，但此概念經常會變成後殖民理論家的一種遁辭，被賦予一種朦朧的色彩，讓人誤以爲只要回到這個概念，則後殖民論述即可獲得解放，但其實很多問題才正要開始，我們不可用它來做推諉責任的一種藉口，用文化雜交來迴避後殖民狀態中的種種現實只是一種論述上的無能，不但未能解決任何問題，反而會成爲後殖民論述者一種「無言的結局」。

文化雜交指稱的是在兩種／多種不同的文化相遇時，文化本身會產生混雜／滲透／互融的情況，文化之間彼此作用的過程，讓每個文化之間都含有其他文化的色彩／成分在其中，而不再有絕對的本眞的、純眞的文

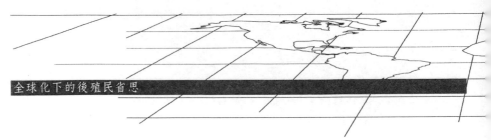

化存在。文化雜交的概念是後殖民論述在歐美中心主義與本質主義兩者相抗衡下導引出來的，這可以由辯證的角度來加以理解。在文化雜交的思維下，不需要問是西方／非西方的力量在形塑非西方，不需要問外來／在地的文化／文本的作用過程中，哪一個影響力較大，而必須從一個宏觀的角度來看，將這個結果視為是雙方面的共同作用促成文化／文本的互融／形成。

後殖民理論學者通常是在對抗本質主義時，才會提出文化雜交的概念，然而往往容易將雜交理想化、本質化，甚至將其一般化、一體化，而忽略掉在整個文化雜交過程中的特殊差異性問題。所以，在通過辯證的思維方式去思考雜交的過程時，要讓這種雜交的過程／軌跡回到歷史的概念上來，即要扣緊歷史的發展脈絡，要回到歷史的真實之中，亦即基於不同歷史、不同地區，雜交會以不同的型態／面貌去呈現。所以，單由辯證思考雜交是不夠的，還必須回到歷史上。更進一步說，文化雜交本身其實就該被視為是任何地區之間文化互動的表現，不該只是被視為解決後殖民困境之用。

所以，不可將雜交本質化、一體化、一般化，其是一種「文化互動」的表現，要讓歷史與辯證相結合，才

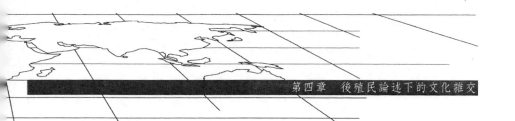

能掌握雜交中的文化差異性。以歷史和辯證結合的角度來看雜交，才不會一直落入爭辯到底在過程中，哪一個文化的因素、力量的作用較大，才不會落入文化一體化的向度去作分析，如此也才能擺脫本質主義的束縛，也才能在文化互動的雜交中，產生了同化／區隔的雙向度發展，才能體認後現代的精神與格局。

## 雜交的實例：資本主義的全球化發展

在談論文化雜交如何可能的問題時，我們所面對的是文化之間如何互動／互融／表現的問題，然而背後必須處理的其實是資本主義全球化的擴張的問題。

我們由後殖民論述與資本主義的關係向度來談，西方對非西方的殖民主義操作，是資本主義之所以可以形成的必要條件，這一點在馬克思的著作裡強烈提到。而在資本主義逐步形成的過程中，才逐步形成民族國家的概念，所以民族國家是西方資本主義擴張所代表的現代性展現下的一個產物。非西方世界擺脫殖民主義進入後

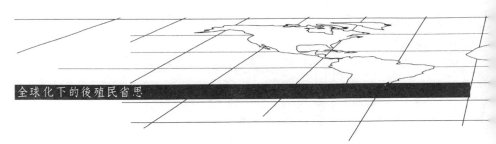

殖民，是資本主義全球化之所以得以發展的必要條件。所以不管是殖民或是後殖民都與資本主義有緊密的關係。這形成了兩股力量的拉扯：一方面西方對非西方殖民統治，其實是為了支撐西方資本主義的形成／發展或是為了要促成資本主義的全球化擴張。另一方面非西方世界力求擺脫西方的殖民統治，是為了比較具有主體性去參與整個資本主義的發展過程，或是甚至要以另一種身分去自立於資本主義之外而以一種社會主義身分去尋求自身的經濟、政治及文化的發展。

這兩股力量各自形成一種目的論式的標的論述：一方面是殖民主義統治經過資本主義的訴求而得到一種合理化的辯護，而通過資本主義的發展，殖民統治也成為一種必要的目的論式的標的。另一方面非西方世界擺脫殖民統治進入後殖民，無非是要以新的身分／方式存在，在這種期待下，資本主義／社會主義又成為後殖民主義的一種目的論式的標的。這兩種論述皆有其盲點，因為資本主義的內容／面貌就西方而言也並不是一成不變，它不斷的在發展過程中進行符合當地的本土化／在地化機制，如在美國和英國所形成的資本主義發展／運作模式是不一樣的。當資本主義跨出西方格局向全球化

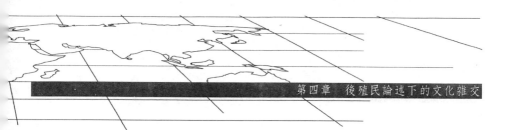

發展時，仍必須以本土化／在地化作為載體才得以實現。所以資本主義其實是一直以「後資本主義」的方式在發展，「後資本主義」指的是資本主義雖然有其原始的原理和機制存在，但其絕對沒有一種統一的、放諸四海皆準的模本／範型存在，所以也不斷的接受本土化／在地化的洗禮。同樣的，社會主義由理論確立一直到政治實踐時，同樣也走上了「後社會主義」來發展實踐，同時必須接受本土化／在地化的洗禮。同時，在其實踐的過程中，除了面對後資本主義的挑戰外，也不斷受後資本主義的衝擊與洗禮。兩者其實是一種共謀共生的關係，都成為論證彼此合理性的充要條件。我們不可以落入一種本質化的資本主義／社會主義概念化的困境中，因為在此兩者從一開始便已經往「後」的方向上蛻變發展了，所以已不可能用本質主義的方式去界定何謂社會／資本主義了。由資本主義向後資本主義發展，是一種本土化／在地化的過程，是全球化與本土化下的一種共謀共生的發展關係。

　　不管是社會主義／資本主義，皆不存在原始純粹的模本／範本，所以在思考後殖民時代，一個國家／民族的前途何去何從時，不可以要求一個國家／民族回歸到

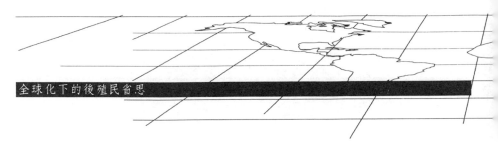

烏托邦式、純粹化式的資本主義／社會主義，這兩者從來都不是二元對立的範疇，兩者原本便是一種共謀共生的關係。

另一個隨之而來的問題是，是否可以將資本主義／社會主義以「催合論」的觀點來思考兩者的關係，即將兩者視爲是可以成爲一體的？這是十分模糊的說法，兩者雖然是共生共謀的關係，是一種匯合／融合，但卻不可以將之導向一種「一體化」的概念。每個地區亦會用其在地的方式，去表現這種共謀共生的關係，會採取不同程度的吸納資本主義／社會主義因素的方式／途徑。所以後殖民狀況的論述／全球資本主義的論述是一種共生共謀的關係，不要由簡單的因果論來看。

後殖民論述另一個必須面對的挑戰是全球化論述，這兩者之間的爭論代表的其實便是第三世界如何參與全球化的過程。我們知道，如果從後殖民主義者的角度來看，全球化發展的中心至今仍在西方，所以全球化只是一種「西化」過程的普遍化，或者直接說是西方的全球化。再者，後殖民理論者站在非西方世界自我主體的角度來看，全球化表現的只是以西方爲中心向外擴張的文化與經濟的一體化／一統化的形塑過程，而在過程中會

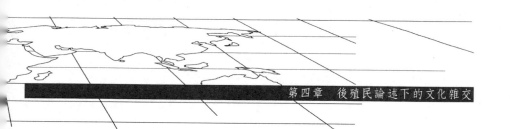

取消個別地區／國家／社會的差異性，甚至使他們的主體性喪失而成為西方的宰制對象。總的來說，在後殖民主義者的認知裡，全球化與帝國主義的脈絡、格局都是一樣，都是西方霸權的宰制方式，全球化只是帝國主義的一種變裝／變體而已，骨子裡隱含的仍是第一世界國家對第三世界的宰制（domination）。這方面的討論在相關的後殖民理論學家對全球化的著作皆被討論到。

關於這一點，我們由資本主義運作模式的改變來做說明，在全球化發展下，資本主義的運作模式也從福特主義往後福特主義過渡，然而，從福特主義到後福特主義並不代表背離資本主義的運作邏輯，它告訴我們的是：資本主義在不同歷史發展中可有不同的表現，也就是說資本主義一定會經過實踐的洗禮、經過在地化的洗禮，所以一定會朝向後資本主義發展。所謂的後資本主義是指不會存在一體適用的模式，一定會呈現多樣化的面貌。談非西方國家的去殖化不意味要陷入二元對立的作法，認為不是向資本主義靠攏，就是傾向社會主義，事實上這二者彼此是共謀共生、互為他者的辯證發展。正如中共會提出「有中國特色的社會主義」一樣。當雙方都走向「後」的發展時，彼此的關係更是難分難解。

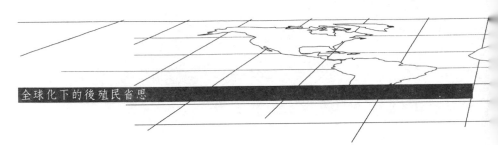

　　所以，當被殖民國家希望進行「去殖化」而面對資本主義體系的時候，它本來就不只是單純的參與或對抗而已，而是負有促使資本主義體系的演化與發展的任務／責任。在這種中心與邊陲已經遭到解構的時代，資本主義運行體系／邏輯已非鐵板一塊，而是呈現一種有階層而無界線、中心與邊陲之間可以交雜流動的運作體系。既然現在是第三世界中有第一世界、第一世界中有第三世界，那麼原本後殖民主義論述中的西方與非西方或第一世界與第三世界的劃分就值得再商榷。尤其是資訊科技使得第三世界的部分人或地區，可以與第一世界的人或地區聯繫起來，而他們也相對成為全球資訊網絡中的節點之一，甚至成為「身處第三世界中的第一世界菁英」，其生活型態與想法與周遭的人有很大差異，卻與第一世界的人相類似。換言之，在資訊科技的影響下，傳統地理疆界的區隔已受很大的挑戰，也讓傳統的第一世界／第三世界的劃分定義受到極大的挑戰，也讓第一世界無法再憑藉其傳統地緣政治上的核心優勢而絕對居於主導地位。全球化雖然開展於西方，但在擴散的過程卻根據各地區的差異而發展出自己不同的風貌與作用，同時也向西方展現一股反撲／回溯的力量。通過資訊科

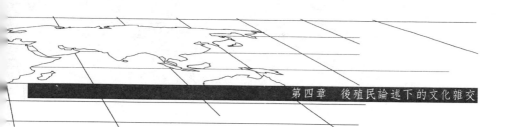

技做爲全球化的載體，提供了一個第一世界和第三世界
菁英交流互動的平台，去除了兩者在時空限制下的差
異，也顛覆了兩者在現實時空中的主客位置，在這種情
況下，殖民與被殖民的定義和情況都必須重新改寫，沒
有絕對的誰殖民誰，只呈現出一種多元主體／文化面向
下的相對優勢。所以，全球化論述不應該被視爲是西方
殖民主義捲土重來的變體，而應該將之視爲人類發展的
一個轉捩點。


## 文化雜交與認同的建構

　　要討論文化雜交，霍米巴巴（Homi Bhabha）　的
《*Location of Culture*》一書是很重要的一本著作。巴巴也
是後殖民理論中討論／提倡文化雜交的一個重要代表人
物[4]。

　　基本上霍米巴巴談雜交時，是反對一刀切的文化本
質論述，他認爲文化的互動是辯證的，也就是說，透過
彼此的辯證，可以完成本身的認同與主體性，這種透過

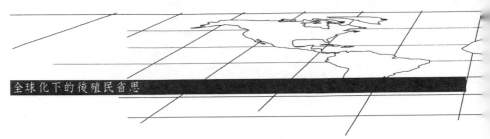

他者的存在去建構本身的認同與主體性，可以在既有正
反雙方相互力量的拉扯中、相互保證中去建構，是一種
辯證的情境。巴巴同時舉英國對印度的殖民統治為例，
說明英國對印度的殖民與宰制最後是表現在整個文化接
觸上，才能穩住整個殖民化的操作。而在文化接觸上所
形成一個跨文化的文化形式，可稱為「第三人稱的文化
形式」。從整個人類的歷史來說，這是一種跨文化的新形
式。巴巴舉印度在脫離殖民身分時的認同建構為例，整
個印度殖民地人民在擺脫殖民地身分時，其實不是從傳
統的印度文化出發，而是通過第三人稱的文化形式來重
建身分的認同。這就是要被殖民的人們面對歷史。

　　巴巴要我們注意到一個有趣但是重要的事實，殖民
母國要為殖民化確立文化基礎時，是按照自己的需要／
想像要殖民地去接受殖民母國的文化、制度等。但是殖
民地在接受殖民母國文化要求而重構／發展的過程中，
形式上雖然是按殖民母國的期待去做，但內容實際上是
有所變化的，不是一成不變、照單全收的接受殖民母國
的一切，而是暗渡陳倉的重建殖民地自己本身的認同與
主體性。

　　巴巴指出，殖民母國在這個過程中犯了一個嚴重的

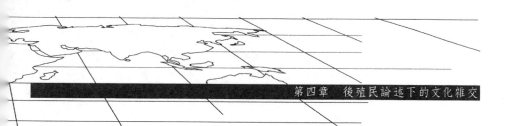

錯誤，即是忽略了在要求殖民地仿效殖民母國的文化的
過程，是一個多層次的文化再現／再製／重構的過程，
也就是一種文化雜交的進行過程，而非一種單純的文化
移植、文化複製，並且在過程中也需要中介者，一種詮
釋者或仿效代理者，而這些中介者卻不可能如實的或點
滴不差的將殖民母國的一切呈現在殖民地人民的眼前，
也因此，一種文化雜交／文化再製的過程便因此進行
著，一種融合兩者的新文化也因此被孕育出來。

　　因此巴巴強調歷史的發展過程其實是很辯證的。用
二元對立的角度來看文化雜交是不正確的，如果能打開
文化雜交這個「黑箱」，我們才可能對文化的演進有更進
一步的認識。而這種辯證的過程一定要回歸歷史，在歷
史中呈現／還原它的真實面貌才會有意義。

　　由文化雜交的過程，我們可以進一步得到一種「多
元文化主義」的觀念，由於沒有絕對的文化本質，沒有
絕對的本真／純真文化的存在，所以就沒有一定優勢或
核心的文化存在，不同文化之間彼此相互尊重、相互對
話、和平共存／共容，所有的文化都有它自己的特色與
價值，都值得被肯定與存在。我們如果將文化的意義做
更深一層的解釋，文化的表現／存在不只是一種差異性

的表現，更是人類整體實踐的一種普遍性過程的展現。

所以，在這裡我們要再強調一次，文化雜交的概念不可以被用來當作遁辭，而必須回到在地的歷史去尋找線索，才能真正知道文化雜交是如何進行的。文化雜交最重要的是提醒我們不要陷入二元對立的思維，而瞭解真正的從歷史脈絡中找尋文化的形成原因。

談到這裡，我們要提及另一個人類生命中十分重要的問題，那就是認同的建構問題。啟蒙以來，人類已經習慣將認同問題放在國家或民族的觀念下做探討，並且將認同問題歸結到對國家／民族／種族身分／地位的認同上。然而，民族主義、種族主義、第三世界、西方中心主義，這些都與西方對外擴張、資本主義的發展息息相關。它們也都是從屬在認同問題之下，也都帶有強烈的本質主義色彩。

我們首先要知道認同問題一定是在正反方雙方，即「我者」與「他者」之間的拉扯與共謀共生的結構關係中發展出來的。沒有「他」的存在就不需要建立「我」，一方面固然需要本質主義的訴求，但另一方面卻不能固著在對本質主義的建構與想像裡，不然就會走進認同的死胡同，將認同當成是一種絕對的、客觀實存的事實。所

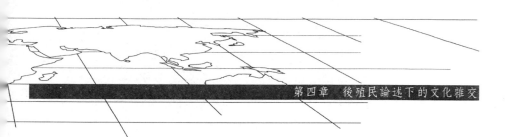

以本質主義的運用只能具有策略性的意義，而不是絕對性的存在；認同是被建構的，而不是既定的。本質主義的暫時借用性不能成爲永恆的訴求，不然會陷入另一種束縛，造成即使抗拒了外來的殖民與宰制，依然會形成內在的殖民與宰制。翻開人類的歷史，假借民族主義與種族主義之名，帶來的悲劇罄竹難書。所以對認同的存在要有正確的認知，不能將之當成是一種客觀存在的、既定的、既予的客觀事實，而要瞭解它是一種被建構的符號與想像的，從來就不是一種本質的存在事實。

　　要進一步探討當代認同問題，我們就不能不由Diaspora和Creole兩個因爲族群離散／混雜所產生的認同迷思概念談起。Diaspora（或可譯爲「離群者」）這個字最早用來指涉流亡的猶太人，後來指殖民化的過程那些被迫離開母國，移民牽徙到陌生地的人，現在可以用來指涉下列幾種狀況的人：

1.許多原先被殖民、後來移民到殖民母國的人。
2.十七、十八世紀西方國家的奴隸買賣，西方國家到到非洲找／買奴隸，這些奴隸離開自己的國家而隨著主人到他的國家。

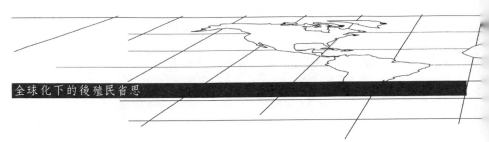

3.十九世紀禁止奴隸買賣後，改爲用合同的方式把非
　西方國家的人例如中國人、印度人移民到殖民母
　國。

　　後兩者是後殖民論述中所要探討的主要對象，這些
人遠渡重洋到另一個陌生的地方，他們被當成是無根的
人，因爲他們無所本、無所屬，只能在殖民母國當一個
「文化幽靈」，沒法形成自我認同的建構，因此形成一種
認同的迷思與錯亂，這種離群認同（Diaspora identity）
也發生在現今許多離開自己國家而在外地生活定居的人
們，造成現在全球化過程一個相當嚴重的問題。因爲即
使他們想回到祖國去尋找自己的根，也將發現人事已非
而無法獲得歸屬感與認同感。尤其是如果他們的後代經
過混血，那認同的建構可就更是難上加難了。之前我們
強調的多元文化主義所揭櫫的不要陷入本質主義、在尊
重差異原則上促進彼此的互賴與合作是必須建立在一個
前提上的，那就是交流互動的主體彼此是要各自有所
本、有所屬、有所認同，這一切才有可能，也才有意
義。但是對離群者而言，由於他們連自己所屬、所本都
無法確立，所以多元文化主義所宣稱的一切對他們而言

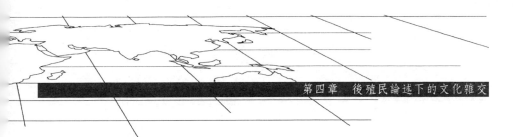
無用武之地。

　　Creole（可譯為克里奧）則是相對於Diaspora的另一種由認同迷思到再建構的情況，它的定義最初是指熱帶地區出生、成長的後裔，後來用來指稱十七到十九世紀間西印度群島白人及黑人後裔，之後人們便習慣將之用來指涉一切混血族群。所以，Creole泛指的是一種經過混種／雜交族群後裔，他們的祖先最初可以被區分成兩個不同的族群，然而他們的後代卻已經是族群融合的表現了。克里奧是一個相對於離群者的概念，離群者代表的是認同的混淆與模糊化，Creole則是一種認同的雜交建構，離群者無法明確建立自己的認同；家鄉人視你為外地人，外地人又視你為非本地的人，認同的產生與建構成為一件模糊且困難的事，然而克里奧卻是放棄了過去認同／身分的約束，而根據自身所處的時空位置重新建構了一套融合當地／當時的認同，這種認同具有很大的實用與想像空間，在過程中也由於兩種不同文化的碰撞而激盪出新的文化內容或面貌來，這種文化也隨著世代傳遞而成為這個地區族裔眼中屬於自己的文化。

　　我們前面提及，認同的建構不可能全然是單向的由殖民者灌輸給被殖民者，而必然是一種雙向作用，被殖

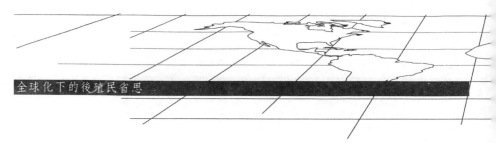

民者也不可能全部接受殖民者的文化／認同重構／建構，在文化／認同重構／再現的過程必然會對兩者都產生一定程度的影響，並且呈現出或許相似卻不同於兩者的面貌或內容來。例如大英帝國對印度侵略的過程，便是一種文化雜交的過程，而台灣在日據時代日本對台灣所進行的「皇民化運動」也是一樣，日本政府雖然有意識、有步驟的要將台灣人民改造成日本文明的一環，但台灣卻在這個過程發展出屬於自己的「日化文化」，包括一些思想或用語，像是「派出所」在台語中意義等同於國語的「警察局」，但它是用台語來表達出日本警察局的意思，像是「便當」一詞也是，這些詞彙不只成為老一輩人共同的回憶，也傳給下一代成為共同的認同，提到「便當」大家只會想到祭五臟廟的時候到了，想到雞腿、滷蛋、排骨等等讓人垂涎的食物，最多想到遠足，卻與日本幾乎聯想不在一起（御便當除外），這就是一個文化雜交後新認同形成的一個例證。

所以，後殖民理論學家強調文化雜交的目的就是在破除文化本質的迷思，告訴人類所有的人都是Creole，而要人們不要太過執持虛妄的本質主義，沒有什麼是純然本質／本真的文化，自然也沒有純然本質／本真的認同

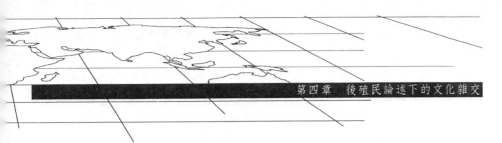

需要被提倡或強化，文化或認同都是在不同的時空下因
應民族／族群的需要被建構／形塑出來的，這一點是我
們應該有的認知。

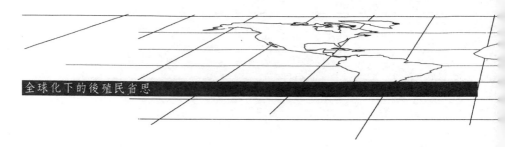

## 註　釋

1 參見俞可平、黃衛平主編，《全球化的悖論》，北京：中央編譯出版社，1998，頁1-5。

2 Arif Dirlik著，王寧等譯，《後革命氛圍》，北京：中國社科院出版社，1999，頁227-262。

3 簡瑛瑛，〈後殖民研究的問題與前景〉，參見簡瑛瑛編，《認同、主體、差異性》，台北：立緒，1995，頁112-145。

4 參見Homi Bhabha, *The Location of Culture* (London and New York: Routledge, 1994).

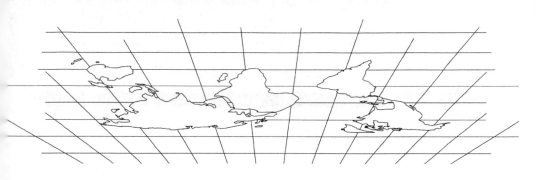

# 第五章

## 後殖民論述下
## 對現代企業管理的反思

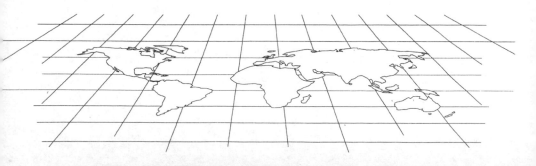

我們之所以可以從後現代主義來談文化與企業管理
之間的關係，是因為在全球化時代下，這三個看似無關
的命題或論述主題，將被牢牢的結合在一起而開創新型
態的企業經營理念與模式。作為一個後現代主義的企業
管理者，不只是要具有為企業創造組織制度及技術優位
的能耐，更要能創造種種符號、語言、信念，甚至是種
種的神話及迷思來塑造／建立員工對企業／企業管理者
的效忠和遵循。企業領導者的權威／權力的合理性，不
再是建立在組織典章及制度上，而是依托在其對文化的
創造與建構能力上。換言之，文化研究、後現代主義、
企業管理三者之間的關係，是文化／政治／經濟之間的
關係，也是文化／組織／權力之間的關係。企業運作的
合理性基礎是立基於文化的論述／創作基礎之上。

## 後現代企業管理的特點

現代主義制度下的企業運作通常是採用福特主義的
運作邏輯，它具有下列幾個特性：

1.希望建立具有永久性、持久性的組織制度。

2.通過垂直性上下分工的階層組織格局／結構來做為主體，支撐整個企業的架構。

3.強調規模經濟，將大量生產的標準化／公式化視為理所當然的生產模式。要求以生產的標準化、公式化的量化生產來從事生產，把生產過程當成是一種客觀、可量化的對象，並將其實體化、工具化、手段化。

4.要求企業生產必須按照工具理性／模式理性的原則來操作，生產效率成為考察企業部門的最高／唯一指導原則。

　　所以，通過福特主義的作法，現代企業的理性基礎奠定在效率的表現上，且領導者的權力／權威的基礎亦奠立在其上。這一套生產規格幾乎已經成為現代企業生產的準則或信條[1]。

　　後現代主義的企業管理理念的產生，是為了因應企業的後現代化所必須要走的方向，是一種符合全球化與資訊化的時代潮流所做出的對策／改變，並不是一種抽象的學理或論述，或是「為了後現代而後現代」的一種

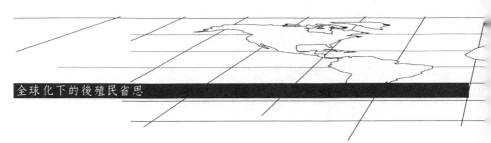

自我想像。企業的後現代化是一種彈性化的表現，是一種將階層森嚴、等級分明且強調內部大一統組織結構「解構」的過程，也是一種對一體化、權力集中管理模式的解構。這種朝向去一體化、去權力的集中化的方向發展，總結來講，是朝向去除以企業領導階層為主體的傳統管理模式，而往「去權力主體化」的方向發展，重現一種水平式的蔓延／擴散權力關係，形成一種有系統／無邊界的格局，在這種思維邏輯下，企業內部的運作邏輯／遊戲規則不是持久性、固定性的發展，而是可以遵循企業內部的需要而隨時隨地因應變化而設定／重組的。

後現代企業管理強調的是因應改變，而非因應固定化，「以不變應萬變」的管理法則已成為昨日黃花。隨著企業／資本的跨國化／全球化的發展，企業要去面對企業內部的文化差異成為一個嚴肅的課題，因為企業內部存在跨國／多國籍的員工以及本國母公司／跨國分公司並存現象，企業內部顯然不可能再依循一種大一統的制度／管理理念來做管理，所以強調差異的多元文化主義概念必須被帶進入企業管理之中，讓企業有能力處理各種不同文化的相遇。而伴隨這種承認差異而來的，便

是如何去除／改變在企業內部建立大一統的企業管理模
式，藉由承認文化差異的存在來建立一套新的企業管理
理念／規則。跨國企業要如何跨越國籍／國家／區域的
差異，然而又不會落入新的一體化的概念道路中，則成
為企業管理的時代課題。

　　符號、數字或語言等種種文化產物的角色在這裡顯
得相當重要。隨著全球化與資訊化所帶來的衝擊，不管
是政府或企業單位都必須要依賴以符號、數字、語言做
為基礎來接受資訊，並且藉由這些資訊累積知識，再由
這些知識創造新的資訊或累積新的文化。也因此，創造
文化或符號、語言，其實也正是為企業創造一種資本／
資產，因此，後現代時代的領導者必須面對企業內部的
文化問題。

　　要處理跨國企業內的文化相處問題，仍是必須通過
以資訊化的科技架構和符號的建構作為基礎才有可能，
在這種過程中，文化差異問題亦被轉化成一系列的符
號、語言系統作為溝通對話的基礎，就像是數學符號是
世界共通語言／文字一般，從符號建構的觀念下手，才
有可能處理企業間的文化差異問題。

　　企業的全球化、資訊化、跨國化的發展，也是其後

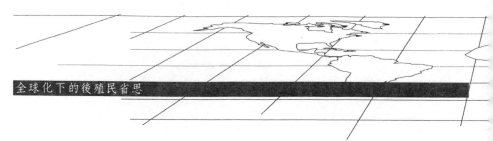

現代化的發展，在現代主義制約下的企業，是以固著在一定的地理、資本實體上而成為可能的，而後現代企業的發展，則與一定的地理疆界、資本實體是脫鉤的，透過資訊化和全球化，企業朝向有系統／無邊界的方向不斷的延伸發展。在這種情況下，企業內部的連結必須靠著以資訊／符號為基礎的節點做為基礎來連結，原來組織內部的制度、規章漂浮起來而沒有一定的法則可循，企業單位成員必須隨機互動。這種允許企業間不同單位隨機互動／交流所希望帶來的效果，便是要使企業內部成員的互動是在瞭解彼此的差異並進而尊重彼此間差異下進行的。

由於資本／市場的快速變化及技術的快速更新，傳統管理的圭臬福特主義受到挑戰（有趣的是，福特主義的觀點雖然是在資本主義中發展出來的，但是在社會主義國家中依然可以見到其影子，像是列寧主義的經濟觀點，相當程度是一種社會主義式的福特主義，而史達林的經濟觀點中的計畫經濟，則是社會主義福特主義的落實）。福特主義在操作上存在一個基本的預設：即市場的發展是可以被設定與充分預期的，而且市場在相當長的時間內是可以呈現一種一體化的屬性的，所以，才會要

求產品的標準化與生產的機械化，促成大量生產以及達到一種規模經濟和產量標準。

但是在全球化／資訊化時代，一切改變都在瞬息之間，不但市場的運作規律是變化無常與不可以預期的，技術的更新也促使產品的生命週期愈來愈短。在這種環境下，生產線不應／也不能被固定化／定型化，而必須被設計成快速因應的機制，生產的終極目標不再是為了要控制市場或獨佔市場，而是為了要因應快速且無止盡的市場變化。所以，經濟發展與市場運作的後現代化，迫使整個生產／行銷必須朝向更有彈性的方向去發展，朝向更有彈性的生產／行銷去組合。

福特主義的制約下的整個企業，其效率是通過清楚的部門分工／工作計畫的基礎上表現出來的，企業無法快速針對「外擴化」做出反應。而後福特主義／後現代企業的工作效率是體現在工作團隊具有機動性以及具有種種處理各種危機的能力上，讓團隊有自主性，並且在此基礎上去處理現場問題，強調在地的因應能力。所以在這種情形下，權力的操作必須進行下放，朝一種「去集中化」的方向去發展，這是一種辯證式的發展。企業不再強調由上至下、統一管理的權力集中性，而是強調

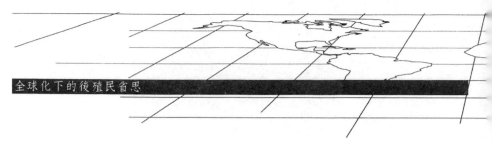

分層負責、職工參與的權力分散的重要性；彈性、小而美的企業團隊被認爲是最能因應市場取向的，而傳統制式化的官僚體系則被認爲是大而不當的，這是一種權力往去集中化／去結構化的方向發展所必然會得到的結論。所以，後現代企業管理的目的不再代表企業管理者要絕對的掌握／操控員工，而是要員工成爲企業的一份子，參與企業內部的生產、管理／行銷。企業的管理者和員工是可以共享資訊、共享知識，並且通過這種資訊／知識的共享，來建立企業內部的共識。企業不再是權威展現的載體，而是扮演一種資本積累的中介機制，通過這種機制操作，公司可以不斷累積繼續發展的動力及資本。

所以，後現代的企業管理不再是封閉式的管理，而是一種開放式的、人性化的管理，企業運作的正當性，不再被奠定在一種大一統的／單一的行政基礎上，不再相信單一的、大一統的理性存在，不再相信可以在企業內部建立一個可以跨越部門、跨越企業的規範存在，而允許部門之間或不同部門之間的子企業可以有理性機制的設計，根據各自特殊的文化氛圍來設計。總的來說，後現代企業的基礎是奠定在文化之上的，而非在大一統

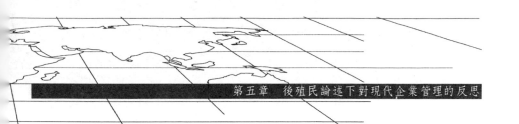

的官僚行政結構的設計上。官僚行政結構的設計，體現
的是一種合理性的設計，而後現代企業管理的核心理念
則是一種文化多元主義的設計與實踐。

# 後現代企業管理與文化差異

　　後福特／後現代主義企業管理是奠定在文化差異的
基礎上運作的，所以，文化因素的考量成為企業管理一
個重要的議題，企業管理成為一種「文本」（text），管理
的過程可以視為一種文本的不斷建構的過程。企業管理
的角度，跳脫出文本的束縛而成為一種文本的建構，這
種建構呈現的是一種「沒有作者」的文本，是管理者／
職工通過對談／論述所交集而成的集體創作，所以，企
業管理者不能操作文本／企業管理的內容及意義，企業
的操作及操作模型的變化，是靠企業管理者／職工間的
不斷對話來決定的。

　　文化研究在此向度上，可以與企業管理理論結合起
來，雖然這種結合遭到現代企業理論管理者的抗拒，但

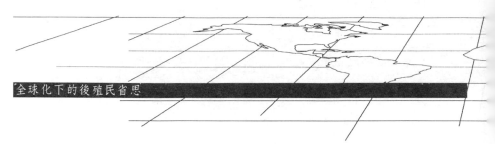

是卻已經是後現代企業經營手法中一股銳不可擋的時代潮流。這種將文化研究與企業管理通過後現代主義論述來結合的方式，即是企業通過將文化／符號給「物質化」、「實體化」，藉此將種種文化／符號轉換為商品，賦予其商品價值來販售，這種企業將文化轉變成實體，並且將文化中的符號系統轉變為商品的做法，成為後現代企業中最基本的功能／能力，一種「文化商品化」、「文化物質化」的企業型態成為新時代的企業主流，最明顯的例子便像是對中國傳統或生態環保的包裝與販賣，前者例如許多迎合西方口味的華語電影和華文著作，後者則像是國家生態保護區的設立與觀光。

　　企業的後現代化已經是挑戰了韋伯官僚理性的論述，而將組織管理的結構可能性與持續性建立在文化操作上。所以，總結後現代主義的論述來看企業管理，我們可以得出幾個心得：

1. 企業運行／操作過程中，在地化／本土化的理性操作，必須具有比普遍化理性操作擁有更高的位階，因為前者才是真正趨近／符合現實的理性思維。
2. 文化才是後現代企業真正合理性的基礎，而非工具

理性或結構理性。

3.必須把多元文化主義的位階看成是比歐美中心主義的位階高，企業管理的重點即是在面對文化間的差異。

4.要把不穩定視爲常態，把強調穩定視爲一種迷思，強調企業員工的創造性／參與性，強調彈性的生產／行銷機制。

總之，後現代企業運作的正當性是透過一連串的、具有高度差異性的對話、甚至是衝突之上而成爲可能的，企業組織的結構也是在這種模式下不斷的形成與重組，所以，不要期待企業是固定的／定型的，企業的存在也是爲了因應變化，這才是現代企業的本質／屬性。

# 後現代企業管理中的後殖民論述

第二次世界大戰之後，隨著東亞經濟的快速成長，學者提出一種論述，認爲一種廣義的儒家傳統或儒家文

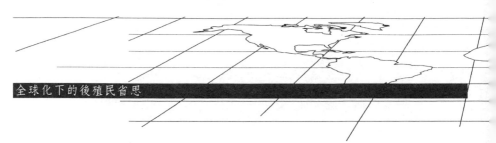

化，事實上是最適合後現代主義企業經營的思想，最適
合資本主義新階段發展的需要。這種論述一般認為是為
了挑戰歐美中心主義背後的本質主義，強調中華文化的
優越性而提出的。

　　我們必須指出，強調本質主義式的文化論述而且企
圖將這種文化本質論述帶入企業管理的運行邏輯中，其
適當性與正當性都是會引發爭論且站不住腳的。儒家文
化之所以會被拿到檯面上，很大的原因是來自韋伯對儒
家文化的敘述與看法。因為當東亞經濟發展下降／停滯
時，儒家文化被解釋成罪魁禍首，是阻礙進步的最大原
因；但是隨著東亞經濟的上升／快速發展，儒家文化被
說成是最大的功臣，是一種促進先進生產力的文明力
量。這兩者不同的觀點背後的論述都是依據韋伯的論
述，然而韋伯其實是很無辜的，他只是被當成代罪羔羊
而已[2]。

　　我們要小心處理的是，在看待文化與企業或是文化
與經濟的發展關係時，不要落入「文化決定論」或「上
層建築決定論」的觀念裡，韋伯之所以會被當成代罪羔
羊，很大程度便是因為他的論述也落入這種陷阱中，說
實在的，這並非原來韋伯所期待／預設的，但是後來的

人們在使用時卻使其落入這種陷阱中。所以，在面對文化雜交的問題時，便要先還原韋伯論述的面貌，多一點辯證的思維能力，少一點化約主義的推論。更有甚者，有人甚至認爲韋伯的論述可以挑戰馬克思的歷史唯物論，這其實是十分可笑且錯誤的說法。

在全球化、資訊化時代下，第一世界／第三世界、中心／邊陲的區隔已經遭到顛覆、解構，出現了「中心邊陲化」或「邊陲中心化」、「第一世界中的第三世界地帶」或「第三世界中的第一世界」的現象，這種情形暗示我們殖民論述中的後殖民狀態及其一些基本的設定其實是非常有問題的，一種本質化的設定諸如第一／第三世界、中心／邊陲的區隔成爲一種具有爭議性的概念，後殖民狀態的存有與邊界成爲一個具高度爭議的問題，如果不讓文化雜交的概念獲得充分的、合理的呈現或說明，後殖民理論的論述基礎會陷入立論基礎崩潰的危機，說服力也會快速的萎縮甚至被廢棄。

無可否認的，企業的後現代化，仍然是在資本主義的邏輯制約下而成爲可能的，企業的後現代化不是代表對資本主義邏輯的否定，仍然是從屬於資本主義運行邏輯的一部分，所以，由後現代的角度來看，固然可以批

判傳統的福特主義式的操作模式，但其實只是用不同的
方式去表現資本主義而已，是資本主義全球化發展普遍
化過程的一種因應各地所做出的特殊化／彈性化表現而
已。

　　資本主義的全球化發展，不管是將之視爲「全球資
本主義」或是「全球主義的資本主義」，都導致生產／勞
動的彈性化發展，使傳統的企業產生一種解構的現象，
這裡面所涉及的不只是一種大一統的企業組織的解體，
也涉及企業內部各單位、各子公司區域性差異的被凸
顯，更涉及企業操作模式的權力的轉移，權力操作模式
的轉變，就地區／國家、西方／非西方皆會涉及赤裸的
權力關係的問題，涉及權力的轉變。這種權力關係的轉
變是我們必須要誠實面對的，抽離了權力關係，則所談
的東西會變得十分空泛與抽象，同時也等於是抽離了歷
史，所以權力關係的轉變問題也是我們必須了解／認知
到且謹愼以對的。

　　此外，用後現代化的角度來看企業，在強調差異性
和個體性的過程，也會將語言分析的向度代入對企業管
理的分析與研究上，如果在操作上不小心，就會使企業
操作神秘化，也會使資本主義神秘化，而陷入一種語言

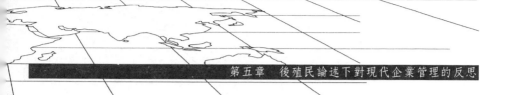

障、文字障裡面，同時會忽略現實的權力糾葛，這會造成十分嚴重的問題。亦即過分強調文化相對於企業、經濟地位的自主性、特殊性與獨立性的重要時，會忽略了文化的操作永遠是按照權力的邏輯被系統化操控的，忽略了文化是一種權力邏輯運作下的系統產物，在產品的行銷、生產上，都觸及了權力不對等的問題，用馬克思的話來說，都面對了「階級」之間的問題。我們必須瞭解，當我們切離文化與企業和權力之間的關係時，便是背離了現實，也背離了歷史，而落入一種烏托邦式的想像中，這種由文化分析進而談論文化雜交時所產生的脫離歷史、脫離現實的烏托邦式論述，只是一堆語言、文字的堆積，與現實／歷史完全無關。

　　所以，由後現代觀點出發來談論企業／文化之間的關係時，不能忽略現實，而必須具有想法或能力去處理文化／權力不對等、文化／權力的糾葛關係，如果沒有此想法或能力而跳脫了歷史與現實，則所做的只是抽象的空洞分析或抽象的理論論述，這或許會有撫慰精神的作用，但是對現實卻毫無幫助。而且由此觀念延伸而來的，便是喪失了對資本主義批判的角色與能力，讓企業的思考模式陷入一種弔詭式的邏輯之中，從而無法明確

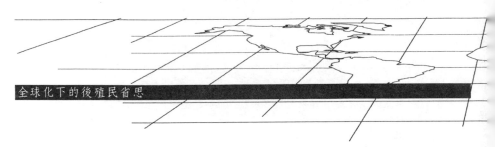

的認知到企業自己所應扮演的角色與作為，這一點是值得我們深思的。一方面我們去批判整個西方中心主義所潛藏的宰制壓迫的特質，批判大資本家對職工的宰制與壓迫的那種大一統企業的問題；但是另一方面又在凸顯西方／非西方的差異性，職工／總部的差異性時，便認為已經達成／滿足批判的目的或訴求，批判也到此為止，這其實是一種為德不卒的後現代主義，只是讓這些職工由大一統的企業中抽離出來，充其量只是使其脫離母體的宰制而成為飄盪的幽靈，但卻沒有能力使其重新找回自己的主體，所以會使其陷入了語言遊戲的神秘主義之中。所以，如何由區別差異性而重新找回失去的主體性，是後現代主義看企業必須要做到的一步，換言之，即是主體性的重建如何可能實現的問題。

在論述差異性如何轉變主體性的同時，還有另外一層風險存在，那就是要小心會落入本質主義的陷阱裡面，所以，後殖民論述在利用後現代主義開展論述時，面臨了兩個難題，一是如何由差異性來促使主體性的重建；另一則是如何避免落入本質主義的陷阱或困境之中，而這兩點看似矛盾，卻是一體的兩面。

基本上，福特主義式的企業，要求建立一個大一

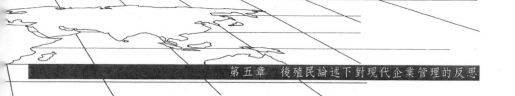

統、目的論式的決策來抹平企業內部的文化差異，建立
由上至下的分工體系，這一點遭到法蘭克福學派嚴厲的
批判，盧卡奇（Georg Lukács）在其著作《歷史與階級意
識》（*History and Class Consciousness*）中的「物化」一
章中便清楚的表示，對西方資本主義的批判，便是對福
特主義的批判。盧卡奇認為，在高度發達的資本主義社
會中，勞動者必須通過雙重物化的過程，才能取得勞動
機會而進入勞動市場，第一重物化是勞動者的自我物化
勞動，將勞動力商品化取得勞動機會，第二重是自我物
化，因為勞動者被要求附屬在機器生產之下，要按照機
器生產的邏輯來運作，所以機器變成主體，而勞動者變
成客體，同時這個過程也被要求以量化、可重複的標準
程序來從事勞動，即是按照工具理性的原則來操作，勞
動者被要求像機械一般成為非人化、物品，進一步被安
置在以機器生產為主體的分工體制之下，按照機器生產
的邏輯和分工的原則。所以，勞動者被窄化到最細微的
客體，苟延殘喘的從事勞動生產，勞動者的生命喪失了
主體性的能力與可能，成為被客體化／物化的生產勞動
工具[3]。

　　因為勞動者被要求依賴在以機器生產為主體的力量

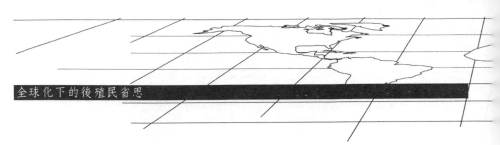

下，這種力量與勞動者是異己的，可以宰制／支配勞動
者，可以使勞動者去主體化，使勞動者的生命意義由
「人」轉變成「非人」，所以，盧卡奇認為人如果要獲得
解放，則必須使勞動者成為整體性的化身，重新使生命
的意義／過程回歸人類的歷史，使人重新找回自我的主
體性，因為抽象勞動是抽離歷史的、是一種非人的歷
史。人的勞動在這種客體化／物化的過程中被從人的生
命中抽離，所以人要找回對勞動過程／勞動力的自主權
與支配權，也就是重新回到人之所以為人的主體性。

　　當企業朝後現代性方向發展，強調差異性／彈性，
意味著傳統以機器生產為主的解組與重構，但它是往一
種「有系統、無邊界」的機制去做轉變，這種機制對一
個勞動者或企業主而言是更加的撲朔迷離的，因為會有
更多的不確定因素進入勞動市場的生產過程，反而可能
使得人類的勞動與人更加疏離。因為這種生態並沒有改
變生產過程所產生作為異己敵對勞動者的獨立力量的角
色，反而是更深層的制約著勞動者，讓勞動者的主體或
勞動過程更加被客體化，因此必須跳脫這種「系統」的
迷思，朝向一種「多元系統」的觀念發展，撲朔迷離、
莫衷一是的狀態不是一個過渡狀態，而是一個時代發展

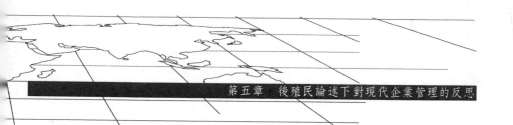

下的歷史狀態，是一個與過去習慣系統化／一體化狀態下截然不同的新時代。

　　所以，後殖民論述以後現代主義作為槓桿，論述非西方的解放／自由時，必須要實事求是，因為不管是企業、國家、非政府實體，可能都是作為資訊生態下的一個節點存在，而且，其位置都一直在動盪不安的改變著，所以勞動者的自主性應當如何確立？這是一個很大的問題，勞動者的生產過程變成沒有一個章法可循，隨時都要面臨變動不居的生產過程，隨時面臨變動，我們不能用一套系統化或一體化的大論述或大架構、大組織企圖對這種變動不居的現實做出規範或整合，這是身為後現代企業管理者應有的認知。

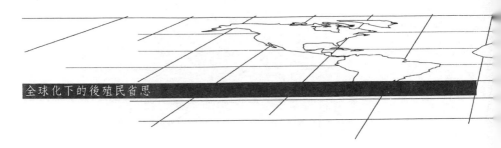

## 註 釋

1 參見Manuel Castells著，夏鑄九等譯，《網路社會之崛起》，台北：唐山出版，2000，頁160-168。

2 Arif Dirlik著，王寧等譯，《後革命氛圍》，北京：中國社科院出版社，1999，頁227-262。

3 參見Georg Lukács著，黃丘隆譯，《歷史與階級意識》，台北：結構群，民78，第四篇。

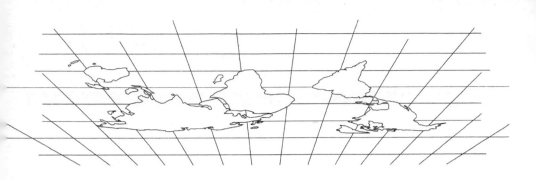

# 第六章

## 後殖民論述中

## 殖民與解殖的辯證

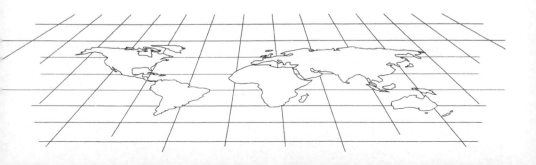

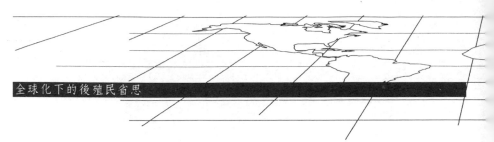

　　薩伊德《東方主義》（*Orientalism*）一書的現世，開啓後殖民論述的先河[1]，其後許多後殖民理論家各自針對相關論述在不同議題上開展自己的工作與研究，大大的豐富了後殖民理論的意涵，也讓後殖民理論成爲全球化時代下對西方／非西方、本質／反本質探討的一個重要典範。然而，對後殖民理論學者來說，有幾個概念的釐清是相當必要的，因爲這代表對反對者的批評與挑戰的回應，一個最常被提及的問題便是：後殖民究竟是從何時開始的，以及何謂後殖民狀況，甚至是何謂「後殖民」[2]？

　　我們無意用模稜兩可的字眼來避開對後殖民時間起點的質疑，但是我們必須指出，在後殖民開始的時間點上做爭議其實是一種很狹隘的邏輯思考觀念。

　　後殖民概念其實是一個十分不嚴肅的範疇／主義。後殖民論述通常與第三世界相對於西方的文化獨立自主性聯繫在一起，經常被化約成論述第三世界的文化自主性如何可能。所以，第三世界的概念也是非常不嚴肅的，第三世界通過很多狹隘的地理實體作爲界定的基礎，如果要使後殖民論述有更寬廣的論述，則要跳離第三世界狹隘的定義。

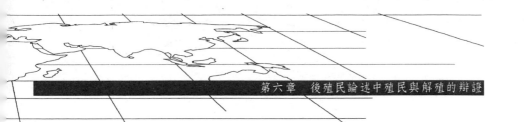

　　第一世界／第三世界是一種全球結構下的相對性的本質化的產物，第一世界／第三世界的區隔隨著資本主義全球化以及「後現代化」的發展，這種區隔已經逐漸喪失其現實的意義，傳統以來，按地理疆界所創造的第一世界／第三世界的區隔，基本上已經不再適用。而且雖然第一世界與第三世界是一種具有相對性的概念，然而第一世界中存在的問題，像是少數民族的問題、性別歧視、環境保育等問題，在第三世界也同樣存在，而第三世界中的知識菁英與第一世界的秀異份子串連／合作／對話等問題，第一世界的菁英彼此之間也會面臨／存在。所以，後殖民理論家所關切的，不應該是地理界限上的限制，而該是跨越這個區隔，去關切第一世界中的種族、性別、歧視的問題，第一世界中事實上充滿了更多的政治、經濟、文化宰制的問題，所以不該只是關注這些問題在第三世界的表現，而應該跳出這個侷限。後殖民理論家如果要走出一條更寬廣的道路，賦予後殖民理論一種更深、更符合時代的意義，就必須走上「後民族主義」的道路，必須跳出狹隘的第一／第三世界的地理區隔，而以一種更寬廣的視野來面對全球這個整體。

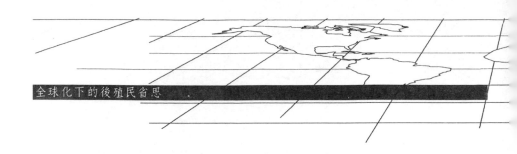

# ◈◈◈後殖民意識的覺醒

我們回顧人類近兩、三百年的歷史，基本上可以發現下列幾個事實：

1. 西方帝國主義在近代以來其實一直存在，只是在不同時空以各種不同的形式表現，而非西方國家要求解脫這種宰制的運動不斷在進行，殖民與反殖民的訴求構成這兩、三百年來人類歷史不斷重複的過程。所以後殖民理論家不應該只是出現在二次戰後，而應該可以往前回溯而且是一直存在著，只是以不同的批判面貌／內容／話語表現。翻開以西方為主的近代史，其實後殖民狀態一直存在著，遠的不說，中國其實便是一直存在這種後殖民狀態中，而如果我們深入分析，中共各個領導人和建政後的一些文件更是充分的顯現了後殖民的性格與特性。

2. 後殖民的問題其實是貫穿整個人類歷史，後殖民論

述其實在人類歷史上以不同語言、不同形式被表現過，換言之，只要有民族／種族、性別之間的宰制存在，就一直有殖民／被殖民的問題，後殖民狀況一直存在而不曾消失。

3.文化雜交不是在後殖民階段中才形塑出來的，而是人類文化／文明形塑過程中一個十分基礎的模式，所以，這並不是後殖民中一個獨特的現象，而是人類文明建構發展的必要過程，不能看成是後殖民中一種文化互動的特有模式，而是歷史發展中的一種不可逆轉的客觀現實。

所以，要真正瞭解後殖民批判背後的意涵，我們必須回到歷史中去揚棄後殖民理論所形成的「教條式束縛」。後殖民論述揚棄啟蒙以來的東方論述／東方主義，但在揚棄這種論述的同時卻不可因此而走上另一種相對的極端，落入另一種本質主義的束縛裡面。然而，我們應該要如何擺脫東方主義的束縛而又不會在自覺／不自覺中落入本質主義的束縛中？

首先要做的是揚棄東方主義的論述，便要同時揚棄各式各樣的現代化論述，因為現代化論述是以東方論述

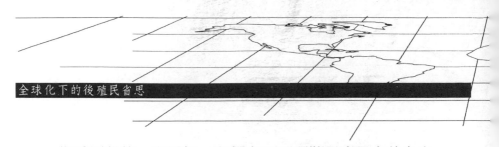

作為預設的，在這裡，我們免不了要將馬克思主義拿出來做一番檢討，因為它提供後殖民主義相當程度的批判元素。基本上，馬克思主義如果由經濟向度上來開展其論述，很容易被轉成與一般現代化論述沒有兩樣，容易走上「技術決定論」、「生產力決定論」的方向，此時馬克思主義變成了與一般現代化論述無啥區別，因為馬克思主義的確存在著以東方主義論述作為預設，是包含東方論述的東方主義色彩的，馬克思在其著作中強烈的歌頌西方資本主義所創造出來的物質文明，且馬克思主義也告訴我們，只有經過資本主義的洗禮而創造出高度的物質文明，西方才有資格過渡到社會主義或共產主義的角色／身分。其他地區唯有根據西方的發展軌跡才有可能進入高度的物質文明，進入共產主義。後殖民論述必須要揚棄經濟主義向度的馬克思主義，因為其論述與現代化論述沒有兩樣，同時要揚棄資本主義式的現代化論述，因為其內部所帶有的東方主義色彩。

其次，由上述而來的，便是要揚棄西方以東方論述為基礎所建構的歷史解釋／歷史觀和文化霸權，在這種歷史的解釋下，非西方被解釋成「沒有歷史的地方」，是依附在西方政治經濟霸權之外的一種沒有歷史的被本質

化的一種抽象的東西，只能亦步亦趨的去遵循西方的發展模式，而找不到／不存在自己的主體地位。

然而，要打破這個觀念／認知，不可以用另一種本質主義的堅持去對抗這種西方的本質主義，要形成一個基本觀念，若為了對抗而揭櫫民族主義／文化民族主義，則容易使人把過去的歷史齊一化或直接化約成單一化／絕對化，這是抽出某個特定歷史的特性而當成過去所有歷史的屬性，不但取消歷史的複雜性與豐富性，同時也讓真實的歷史在這個過程中被遺忘、消失。

所以，西方／非西方的關係不是被本質化規定的，不能被固定化，兩者的關係是不斷變動發展的，必須把西方世界／非西方國家的存在看成是一種結構性世界位置的再現。非西方世界是處在不斷變動的狀態下的，是處在世界結構位置中的一種變體，不可以一廂情願的將非西方世界的位置以西方世界的視野將之定型化。而後殖民理論家也要避免陷入一個嚴重的盲點中，即是只把後殖民狀態簡單的看成殖民主義不同形式的延續，因為由狹隘的定義上來看，殖民統治畢竟已經結束，我們不能單純的只是延續殖民主義的邏輯來論述它，這種簡單的論述邏輯暴露的其實只是一種理論建構／論述上的無

能。

　　不論從歷史的發展或現實的需要而言，我們都沒有
理由將後殖民主義／狀況看成是一種殖民主義的延續，
而忽略了殖民主義畢竟已經結束，後殖民理論家不能直
接將之單純的化約成其是殖民統治的另一種形式的再
現，而必須瞭解／注意到，不能一廂情願／單純的把殖
民主義普遍化，把殖民主義齊一化／普遍化，而未曾注
意歷史的差異性，未曾將不同殖民過程與歷史結合在一
起，因為延續殖民主義的邏輯來作為後殖民狀況的論
述，常常會自覺／不自覺走入一種「忽略歷史」／「遺
忘歷史」的盲點。後殖民理論家容易犯了企圖將後殖民
的可能發展方向導向一種目的論式的發展方向上去，這
經常使後殖民論述整個抽離了歷史，也抽離了現實。

　　所以，基本上，後殖民論述要揚棄殖民主義的邏
輯，就必須要真正的讓自己的邏輯奠定在後殖民論述基
礎上，即真正意識到殖民統治已經結束，絕不能再用簡
單的殖民主義邏輯來看問題，而要進入真正「後殖民意
識」覺醒的時代。

　　何謂後殖民意識的覺醒？即我們要有一個重要的觀
念，那就是揚棄殖民主義並不等於可以否定資本主義，

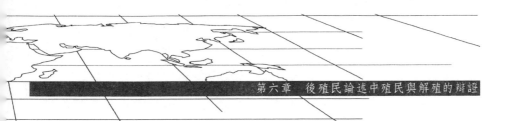

我們必須體認到一個現實，即由殖民階段發展到後殖民階段，人類仍必須面對如何與資本主義相處的問題，這個現實仍然涵蓋在資本主義全球化這個載體之中，人類現階段不可能（相信也不願意）與資本主義一刀兩斷，我們仍然必須面對此一問題。資本主義全球化隱含著一個「一體化」的資本主義邏輯，伴隨此邏輯而來的取消各國家之間差異性的要求，但這些國家卻又是具有差異性／獨立性的相對實體／個體，因此形成一種一體化／特殊化之間的張力／壓力。後殖民意識的覺醒便是一方面要求自己國家差異性／獨立性的同時，一方面要去處理跨越資本主義全球化／一體化下的爭議的能力，處理差異性／一體化之間張力的能力。

海外華人杜維明所標榜的儒家復興，其實便是標誌著後殖民意識的出現／抬頭，中共的建設有中國特色的社會主義亦然。杜維明的訴求主軸有二：一是儒家思想中所蘊涵的倫理思想主軸是可以促進中國發展的；二是儒家思想中所蘊涵的倫理思想主軸可以作為資本主義繼續發展的後設基礎[3]。這告訴世人中國或中國人是可以通過儒家思想來作為表徵的，實現作為「自我東方化」的槓桿，可以更進一步的作為銜接中國文化的差異性與全

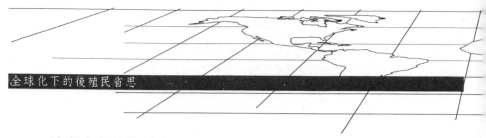

球資本主義的張力。


## 🌐🌐中共的解殖意識

　　相同的邏輯也有用來看待中共提出的「建設有中國特色的社會主義」，簡單來說，「中國特色的社會主義」訴求的背後隱含兩個意義：

1. 已經體認到不可能完全自立於資本主義之外去走出一條社會主義的道路。
2. 要以資本主義爲槓桿，才能成就／完善中國的社會主義。

　　這就說明了在中共的邏輯裡已不是以一刀切的方式來看待資本主義與社會主義，而將兩者視爲是一種相互依存共生的辯證發展關係。當鄧小平認知到此點時，在經濟上便已經初步的擺脫了「受殖」的意識，而有了初步「解殖」意識的存在。關於這一點，我們又可以分成兩部分探討：在經濟面上，中共的確初步的擺脫了「受

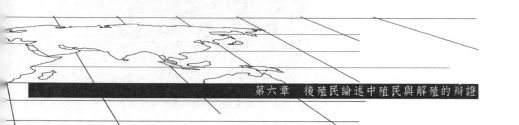

殖」而進入了「解殖」，然而在非經濟面，特別是文化、
政治上，中共仍被一種「殖民」的陰影束縛著；鄧小平
在經濟面「解殖」的同時，希望走出一條資本主義／社
會主義共生共謀的關係，但在文化／政治層面上，並未
真正的擺脫受殖的意識。這可以由中共改革開放以來的
政治／經濟政策上看出。

　　然而，中共選擇延續「受殖」的邏輯，對其而言是
有更深的考量。中共之所以延續殖民主義的邏輯思維，
是為了因應在改革開放的過程中走國家主義路線做出合
理化的辯護基礎，以殖民主義來作為國家主義／愛國主
義的對立，強調西方對東方／中國的那一段殖民記憶，
區隔中國／非中國／西方的差異，合理化其愛國主義的
論述基礎。中共雖然仍是以馬克思主義／社會主義做為
其國家建設的最高準則，馬克思主義往東方擴散時，讓
中國、俄國皆必須忙著處理其西方中心思想所延伸出來
的難題，那就是馬克思主義背後所帶有的強烈的東方主
義色彩。所以，中俄皆在接受馬克思主義的同時必須要
揚棄背後的東方論述，處理這個問題成為中／俄共產黨
在意識型態上最大的難題，也所以，經過列寧與毛澤東
的努力，馬克思主義東方化的過程中不管是中／俄皆揚

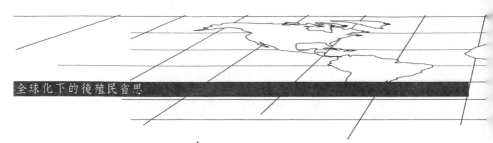

棄其背後的東方論述[4]。但在揚棄的同時，中／俄皆宣稱
其已經使馬克思主義本土化，並稱在馬克思主義本土化
的同時，可以與資本主義一刀兩斷的切割開來，這其實
是一種認識上的迷思／謬誤。中／俄在社會主義實踐的
過程也付出了很大的代價。

　　所以，後殖民批評必須要擺脫殖民主義意識，不能
再將其簡單看成殖民主義不同形式的延續，而要扣緊歷
史現實與時代現實來看。反對殖民主義不等於可以不要
／拋棄資本主義，後殖民的論述／分析都是在按照資本
主義的發展邏輯在進行的，後殖民論述能否走出一條前
瞻性的、合理的方向，其最重要的基礎便在於如何扣緊
資本主義全球化的發展邏輯來進行論述。

　　所謂的後殖民狀態，是資本主義全球化的開展，是
「後殖民狀態的真正開展」，後殖民是貫穿人類以西方為
本位的發展，是伴隨著人類有歷史以來就存在了，所以
我們必須要跳出西方為本位的殖民主義的邏輯的宰制，
必須進一步的認知到後殖民狀態的存在其實是一種貫穿
人類歷史的狀態。後殖民狀態是隨著資本主義全球化而
開展的，資本主義全球化的發展與確立，便是同時宣告
了後殖民狀態的確立。後殖民狀態與資本主義全球化的

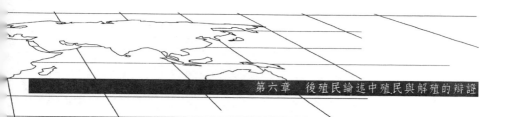

發展，其實是一種共謀共生的關係。當一個國家真正進入後殖民狀態時，要具有全球資本主義的意識，必須要讓全球資本主義變成自己的傳統，而不能作為一種自立於外的傳統，要使資本主義進入自己的歷史與傳統而作為自己安身立命的一個載體。所以，要論述後殖民狀況何時開始，要由兩個面向觀察：一是知識份子對自身國家、民族的定位與期待；二是國家面對全球資本主義實踐的能力，即是否有本事／能力將資本主義轉變成自己的傳統。例如日本一直不存在殖民主義或進入後殖民狀態，因為日本的明治維新以來便一直將西化的東西融入自己的傳統，這種將「外來他者」積極融入／改變成為自己歷史／傳統的做法，讓日本成為一個不受後殖民狀態束縛的國家。

　　相較於日本，中共的歷屆領導人都是力求中國如何擺脫帝國主義、封建主義，都是在談中國如何進入「後殖民狀況」的問題。毛澤東的馬克思主義中國化不但要求馬克思全球化和本土化外，也要求馬克思主義的語言、符號也要本土化的訴求，但毛澤東在後者是失敗的，因為其一直未擺脫馬克思的語言、符號的制約。毛澤東通過他自身所建構的後結構主義的論述，並通過這

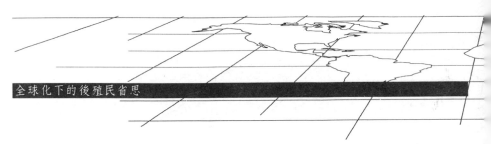

一套後結構主義去建構自身的後殖民論述,所以,毛澤東論述文本所使用的語言、符號仍無法本土化,這個歷史遺留的問題告訴我們一個重大的現實。

後殖民論述基本也很難擺脫西方本位／西方中心主義所遺留下來的語言／符號,關鍵在於如何使這些具有西方取向色彩的語言符號系統變成論述傳統的一部分。

真正的後殖民論述仍擺脫不了語言、符號的傳統,但如果能利用這一套論述系統建構自身的論述邏輯,便可能走出後殖民狀態。在一個廣義的具體實踐上,如何能體認到這一點,「文化雜交」的意義才能真正的體現出來,毛澤東終其一生,並未擺脫馬克思主義的符號／語言,但是,這並不妨礙他在實踐上的意義,因為他在西方語言符號系統上能將之轉成自己語言論述的一部分,換言之,語言符號上的本質主義的堅持是不存在的,如果強調一種強加的分割,是會走上死胡同的。任何一套論述,如果「進得去出不來」,那理論的解放作用反而會成為一種束縛的枷鎖,會變成一種異己宰制的力量,會成為一種敵對的工具。過分重視理論的絕對性／本質性,讓自己成為理論的囚徒而找不到真正的出路與方向,所以要拒絕任何基本教義或本質主義。

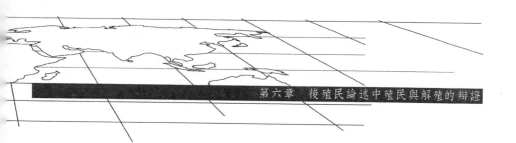

# 後殖民論述的省思

　　然而，要建立一套健康合理的後殖民論述道路，則要走出一條「後第三世界」的道路，走出一條「後民族主義」的道路。有三個問題或許是值得我們未來的日子中再思考／努力／實踐的，其一是面對西方中心觀時我們應該如何自處？如何具有主體性卻又不陷入本質主義中？由後殖民的角度來看問題，強調文化上的雜交或區域間的互動時，如何可以避免陷入抽象的文本論述或神秘主義之中？

　　綜觀現今國際局勢，全球資本主義的發展與確立是後殖民狀況之所以得以開展的載體／母體，然而在這個發展過程中，資本主義的歷史不再是歐洲的歷史，整個非歐洲已經參與了資本主義的歷史建構中，換言之，資本主義的歷史不再可以單純的由歐洲中心來做論述，整個歐洲／非歐洲都參與了這一段歷史建構。例如杜維明代表的新儒家宣稱中國的儒家文明已經可以參加資本主

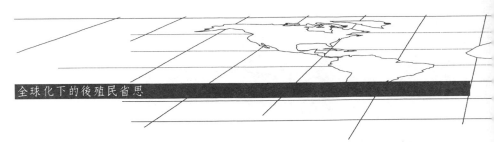

義文明的建構，這些知識份子已經敢於宣稱中國延續其
傳統文明是已經可以成為資本主義發展歷史的一部分，
非歐洲、歐美中心主義的論述方式。所以，可以由儒家
為論述，自然也要尊重別人可以由歐美中心主義去論
述，資本主義不再是歐洲的，而是全球的。

　　伴隨全球資本主義而來的是要求一體化的呼應，要
求分散化／差異化的訴求，本來就會不斷的進行，所
以，不可以將要求一體化、大一統的要求看成是對的、
確信不疑的真理，也不可以認為要求分散化／差異化是
對的，兩者本來就是相互滲透、相互發展的，堅持某個
向度的重要性都是違背現實的，在全球化下，一體化／
大一統與差異性／分散化是平行發展的。

　　所以，正面積極的認識自己正處在全球資本主義的
發展，瞭解這是一種既存的事實，才能真正走上一條健
康的後殖民道路。後殖民論述的所以出現，代表以西方
為主導的國際政治、經濟、社會科學的典範已經失去了
正當性，而後殖民論述的出現是為了重新確立資本主義
全球化的一種新典範的出現，所以，後殖民論述應該是
對西方傳統理論的一種揚棄，而不是一種哀怨的發洩。

# 註　釋

1 羅鋼、劉象愚，《後殖民主義文化理論》，北京：中國社科院出版社，1999，頁2。

2 B. M. Gilbert著，陳仲丹譯，《後殖民理論——語境、實踐、政治》，南京：南京大學出版社，2001，頁8-22。

3 Arif Dirlik著，王寧等譯，《後革命氛圍》，北京：中國社科院出版社，1999，頁227-262。

4 李英明，《中國：向鄧後時代轉折》，台北：生智，1999，頁144-162。

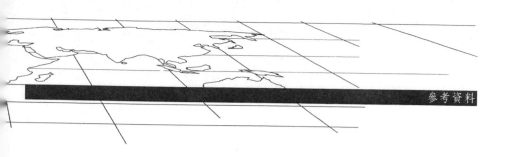

# 參考資料

## 一、中文參考資料

## （一）書籍

王列、楊雪冬，《全球化與世界》，北京：中央編譯出版
　　社，1998。

王寧、薛曉源，《全球化與後殖民批評》，北京：中央編
　　譯出版社，1998。

王寧，《後現代主義之後》，北京：中國文學出版社，
　　1998。

王岳川編，《後殖民主義與新歷史主義文論》，山東：新
　　華出版社，1999。

王逸舟，《全球代時代的國際安全》，上海市：上海人民
　　出版社，1999。

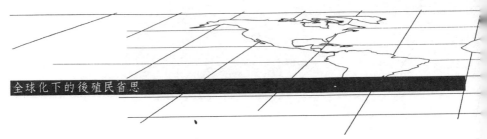

王國芳、郭本禹,《拉岡》,台北:生智,1997。

石之瑜,《政治學的知識脈絡》,台北:五南,2001。

石之瑜,《中國的文化與中國的民》,台北:風雲論壇,
　　1997。

朱剛,《薩伊德》,台北:生智,1999。

江宜樺,《自由主義、民族主義與國家認同》,台北:揚
　　智文化,2000。

李英明,《重構兩岸與世界圖象》,台北:生智,2002。

李英明,《全球化時代下的台灣與兩岸關係》,台北:生
　　智,2001。

李英明,《中國:向鄧後時代轉折》,台北:生智,
　　1999。

李英明,《網路社會學》,台北:揚智文化,2000。

李英明,《鄧小平與後文革的中國大陸》,台北:時報文
　　化,1995。

俞可平主編,《全球化時代的社會主義》,北京:中央編
　　譯出版社,1998。

俞可平、黃衛平主編,《全球化的悖論》,北京:中央編
　　譯出版社,1998。

徐賁,《走向後殖民與後現代》,北京:中國社科院出版

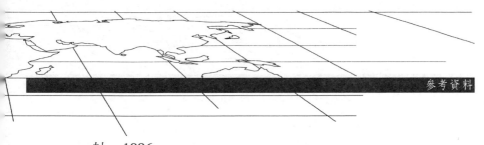

社，1996。

胡元梓、薛曉源，《全球化與中國》，北京：中央編譯出版社，1998。

蔡政文，《當前國際關係理論發展及其評估》，台北：三民，1989。

曹莉，《史碧娃克》，台北：生智，1999。

黃瑞祺，《現代與後現代》，台北：巨流，2000。

陶東風，《後殖民主義》，台北：揚智文化，2000。

陶東風，《社會轉型與當代知識份子》，上海：三聯書店，1999。

閻學通，《中國國家利益分析》，天津：天津人民出版社，1996。

華英惠，《迎接WTO時代》，台北：聯經，2000。

楊雪冬，《全球化：西方理論前沿》，台北：社會科學文獻出版社，2002。

楊大春，《傅柯》，台北：生智，1995。

張京媛，《後殖民理論與文化認同》，台北：麥田，1995。

張京媛，《後殖民理論與文化批評》，北京：北京大學出版社，1999。

廖炳惠,《回顧現代:後現代與後殖民論文集》,台北:
麥田,1994。

簡瑛瑛編,《認同、主體、差異性》,台北:立緒,
1995。

鄭祥福,《後現代主義》,台北:揚智文化,1999。

羅鋼、劉象愚,《後殖民主義文化理論》,北京:中國社
科院出版社,1999。

Adda, Jacques著,周曉幸譯,《經濟全球化》,北京:中
央編譯出版社,2000。

Anderson, Benedict著,吳叡人譯,《想像的共同體》,台
北:時報文化,1999。

Beck, Ulrich著,孫治本譯,《全球化危機:全球化的形
成、風險與機會》,台北:商務印書館,1999。

Camilleri, Joseph A.著,李東燕譯,《主權的終結?日趨
「縮小」和「碎片化」的世界政治》,浙江:浙江人
民出版社,2001。

Castells, Manuel 著,夏鑄九等譯,《網路社會之崛起》,
台北:唐山出版,2000。

Castells, Manuel 著,夏鑄九等譯,《認同的力量》,台
北:唐山出版,2002。

Castro, Fidel著，王玫譯，《全球化與現代資本主義》，北京：新華書局經銷，2001。

Cohen, Paul A.著，林同奇譯，《在中國發現歷史——中國中心觀在美國的興起》，台北：稻鄉出版社，1991。

Dirlik, Arif著，王寧等譯，《後革命氛圍》，北京：中國社科院出版社，1999。

Foucault, Michel 著，王德威譯，《知識的考崛》，台北：麥田出版，1998。

Gellner, Emest著，李金梅、黃俊龍譯，《國族與國族主義》，台北：聯經，2001。

Giddens, A.著，陳其邁譯，《失控的世界：全球化與知識經濟時代的省思》，台北：時報文化，2001。

Held, David著，沈宗瑞譯，《全球化大轉變：全球化對政治、經濟與文化的衝擊》，台北：韋伯文化，2000。

Hobsbawn, Eric著，李金梅譯，《民族與民族主義》，台北：麥田，1997。

Huntington, Samuel Phillips著，《文明衝突與社會秩序的重建》，北京：新華出版社，1998。

Lodge, George C.著，胡延泓譯，《全球化的管理：相互依存時代的全球化趨勢》，上海：上海藝文出版社，1998。

Lukács, Georg著，黃丘隆譯，《歷史與階級意識》，台北：結構群，1989。

Nash, Kate著，林庭瑤譯，《全球化、政治與權力》，台北：五南，2001。

Robbins, Bruce著，徐曉雯譯，《全球化中的知識左派》，北京：中國社會科學出版社，2000。

Robertson, Roland著，梁光嚴譯，《全球化：社會理論與全球文化》，上海：上海人民出版社，2000。

Said, Edward著，王志弘、王淑燕等譯，《東方主義》，台北：立緒，1995。

Said, Edward著，彭淮棟譯，《鄉關何處》，台北：立緒，2000。

Said, Edward著，蔡源林譯，《文化與帝國主義》，台北：立緒，2001

Tomlinson, John著，鄭棨元、陳慧慈譯，《全球化與文化》，台北：韋伯文化，2001。

Waters, Malcolm著，徐偉傑譯，《全球化》，台北：弘智

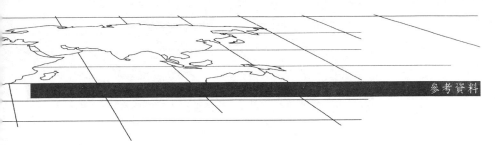

文化出版，2000。

Wendt, Alexander著，秦亞青譯，《國際政治的社會理論》，上海：上海人民出版社，2000。

## （二）期刊論文

李英明，〈走出全球化的迷思：以宗教包容性建構全球倫理〉，《宗教人文通訊》，2003，創刊號。

李英明，〈新宗教運動〉，《宗教人文通訊》，2003，創刊號。

林碧炤，〈全球治理與國際安全〉，發表於「全球治理與國際關係」學術研討會，台北：2001.6。

張亞中，〈全球化下的全球治理：主體與權力的解析〉，發表於「全球治理與國際關係」學術研討會，台北：2001.6。

鄭端耀，〈國際關係「新自由制度主義」理論之評析〉，《問題與研究》，1997，卷36，期12。

賴皆興，〈中共意識型態中的後殖民意涵：從馬克思主義中國化到三個代表〉，台北：國立政治大學東亞所碩士論文，2002。

蕭全政，〈東亞「區域主義」的發展與台灣的角色〉，

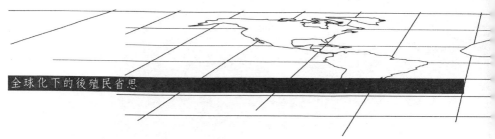

《政治科學論叢》，2001，期14。

# 二、英文參考資料

## （一）書籍

Anderson, B., *Imagined Communities*, 2nd ed., London: Verso, 1991.

Baldwin, David, *Neorealism and Neoliberalism: The Contemporary Debate*, NY: Columbia University Press, 1993.

Barrett, Neil, *The State of the Cybernation*, London: Kogan Page, 1996.

Bhabha, Homi, *The Location of Culture*, London and New York: Routledge, 1994.

Burbach, Roger, Orlando Nuriez & Boris Kagerlitsky, *Globalization & Its Discontents: The Rise of Postmodern Socialism*, Pluto Press, 1997.

Campen, Alan D. & Douglas H. Dearth eds., *Cyberwar 2.0: Myths, Mysteries and Reality*, AFCEA International

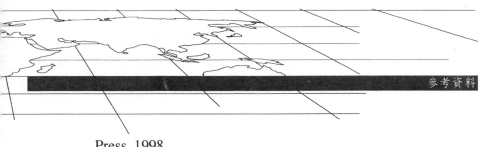

Press, 1998.

Castells, Manuel, *The Power of Identity*, Blackwell Publishers, 1999.

Castells, Manuel, *The Informational City*, Blackwell Publishers, 1996

Castells, Manuel, *The Informational City: Information Technology, Economic Restructuring, and the Urban-Regional Process*, Oxford: Blackwell, 1989.

Cohen, Robin & Paul M. Kennedy, *Global Sociology*, Palgrave, 2000.

Cohen, Warren I., *The Cambridge History of American Foreign Relations*, Volume IV, NY: Cambridge University Press, 1993.

Copeland, Dale C., "Economic Interdependence and War: A Theory of Trade Expectations," in *Theories of War and Peace*, ed. by Michael E. Brown, Owen R. Cote, Jr, Sean M. Lynn-Jones & Steven E. Miller, The MIT Press, 2000,

Dirlik, Arif & Maurice Meisner, *Marxism and the Chinese Experience*, M. E. Sharpe, 1989.

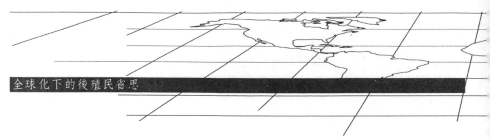

Dirlik, Arif, *The Postcolonial Aura: Third World Criticism in the Age of Global Capitalism*, Westview Press, 1997.

Dittmer, Lowell, *China under Reform*, Westview Press, 1994.

Fanon, Frantz, *The Wretched of the Earth*, trans. by Constance Farrington, New York: Grove Press, 1963.

Featherstone, Mike eds., *Global Modernities*, Sage Publications, 1995.

Frankel, Joseph, *Contemporary International Theory and the Behaviour of States*, London: Oxford University Press, 1967.

Giddens, Anthony, *The Consequences of Modernity*, Stanford University Press, 1990.

Gilpin, Robert, *The Political Economy of International Relations*, Princeton: Princeton University Press, 1986.

Gramsci, Antonio, *The Prison Notebooks*, New York: International Publishers, 1971.

Harding Harry, *China's Second Revolution: Reform after Mao*, The Brooking Institution, 1987.

Ikenberry, G. John, *After Victory: Institutions, Strategic Restraint, and the Rebuilding of Order after Major Wars*,

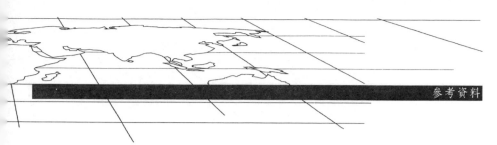

Princeton, New Jersey: Princeton University Press, 2001.

Krasner, Stephen D., *Sovereignty: Organized Hypocrisy*, Princeton University Press, 1999.

Lukács, Georg , *History and Class Consciousness*, trans by Rodney Livingstone, Cambridge: MIT, 1971.

Marcuse, H., *Counterrevolution and Revolt*, Boston: Beacon, 1972.

Marcuse, H., *One-Dimensional Man*, Boston: Beacon, 1964.

Marcuse, H., *Reason and Revolution*, New York: Oxford University Press, 1941.

Meisner, Maurice, *Mao's China and After*, New York: The Free Press, 1986.

Meisner, Maurice, *Marxism and the Chinese Experience: Issues in Chinese Socialism*. Armonk, N.Y.: M. E. Sharpe, 1989.

Miller, David, *On Nationality*, Clarendon Press, 1997.

Moore-Gilbert, Bartt, *Postcolonial Theory: Contexts, Practices, Politics*, 1997.

Rajan, Gita & Radhika Mohanram, *Postcolonial Discourse and Changing Cultural Contexts*, October 30, 1995.

Robertson, R., *Globalization: Social Theory and Global Culture*, London: Sage, 1992.

Rosenau, James N. eds., *Governance without Government*, Cambridge University Press, 1995.

Said, Edward, *Culture and Imperialism*, New York: Alfred A. Knopf, Inc, 1993.

Said, Edward, *Orientalism*, New York: Vintage, 1979.

Said, Edward, *The World, the Text, and the Critic*, London: Vintage, 1991.

Schram, Stuart R., *Ideology & Policy in China Since the Third Plenum, 1978-1984*, University of London, 1984.

Schurmann, Franz, *Ideology and Organization in Communist China*, Berkeley: University of California Press, 1968.

Shirk, Susan L., *The Political Logic of Economic Reform in China*, University of California Press, 1993.

Spegele, Roger D., *Political Realism in International Theory*, Cambridge University Press, 1996.

Spivak, Gayatri Chakravorty, *The Spivak Reader: Selected Works of Gayatri Chakravorty Spivak*, 1995

Stackhouse, Max L. eds., *God & Globalization: Theological*

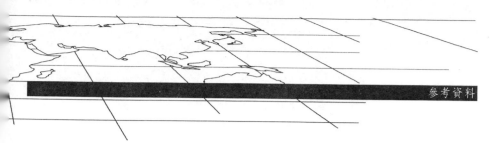

*Ethics & the Spheres of Life*, Trinity Press International, 2000.

Toffler, Avain, *Powershifts Knowledge, Wealth and Violence at the Edge of the 21st Century*, Bantam Books, 1990.

Toffler, Avain, *The Third Wave*, New York: Morrow, 1980.

Toffler, Avain, *War and Anti-war: Survival at the Dawn of the 21st Century*, Boston: Little, Brown, c1993.

Tsou, Tang, *The Culture Revolution & Post-Mao Reform*, Chicago: University of Chicago Press, 1986.

Waltz, Kenneth N., *Theory of International Politics*, Boston: Addison-Wesley, 1979.

Wendt, Alexander, *Social Theory of International Politics*, Cambridge University Press, 1999.

Young, Robert, *White Mythologies: Writing History and the West*, London: Routledge, 1990.

# （二）期刊

Finkelstein, Lawrence S., "What is Global Governance?," *Global Governance*, I, 1995.

Makinda, Samuel M., "Sovereignty and International

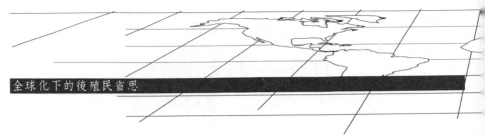

Security: Challenges for the United Nations," *Global Governance*, 2, 1996.

Mathews, Jessica T., "Power Shift," *Foreign Affair*, January/February 1997.

Mittelman, James H., "Rethinking the 'New Regionalism' in the Context of Globalization," *Global Governance*, 2, 1996.

Rhodes, R. A. W., "The New Governance: Governing without Government," *Political Studies* XLIV, 1996.

Rosenau, James N., "Governance in the Twenty-first Century," *Global Governance*, 1, 1995.

Sanger, David E., "New Realism Wins the Day as Senate Passes Trade Bill," *New York Times*, September 19, 2000.

Shue, Vivienne, "Grasping Reform: Economic Logic, Political Logic, and the State-Society Spiral," *The China Quarterly*, 144, 1995.

Warkentin, Craig & Karen Mingst, "International Institutions, the State, and Global Civil Society in the Age of the World Wide Web," *Global Governance*, 6,

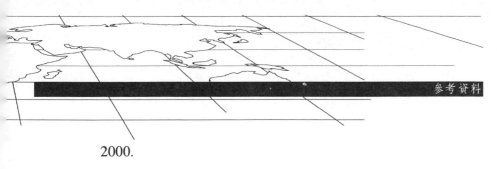

2000.

Wendt, Alexander, "Constructing International Politics," in Michael E. Brown, Owen R. Cote, Jr., Sean M. Lynn-Jones & Steven E. Miller. Eds., *Theories of War & Peace*, The MIT Press, 2000.

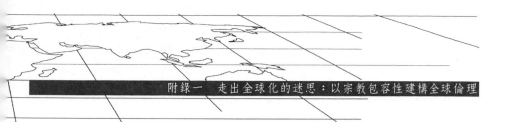

# 附錄一
# 走出全球化的迷思：
# 以宗教包容性建構全球倫理

　　「全球倫理」（global ethic）的出現，是來自於人們對當代全球化的反思。對經濟全球化所帶來的種種弊端的批判反思，讓以人道主義／人本主義爲基本精神的另一種全球化思維模式開始成爲世人思考「何謂全球化」以及「全球化應當如何發展」的一個時代命題，也讓「全球倫理」這一充滿人性關懷的思維開始取代人們對經濟／資本／市場全球化的重視而成爲另一個全球化發展的典範，然而我們認爲，全球倫理絕不該只是一個空泛的概念或口號，它該是一個可以具體實踐／落實的信念／作爲，而宗教這個領域相信便是一個適合全球倫理實踐的載體／場域。

　　自從八〇年代以來，全球化的浪潮席捲了全世界，小由個人團體，大到國家社會，沒有人能自外於這股浪潮之下，然而這一波全球化是以資本主義全球化擴張作爲其背後的發展基礎，是以經濟／資本／市場作爲這一

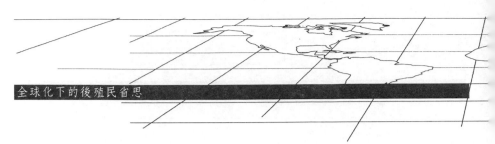

波全球化的全部內容，講求的是工具理性／策略理性的
實現，是效率與效益的極大化。雖然這種全球化沖淡／
顛覆了傳統對國家／主權／領土的定義與作用，讓人類
的生活疆界大大的擴展，然而在「經濟／利益至上」的
前提下，國家所代表的政治力量與市場經濟力量結盟，
跨國公司的商業利益藉由政治力量的默許或幫助／合謀
而得以大量擴展，國家在資本／市場範疇下也成為一個
追求利益的經濟體，並且以追求利益來作為維持統治合
法性的必要條件。

　　國家、商業團體以及跨國公司成為一個個經濟體，
並且成為技術理性／工具理性的計算單位而結盟在一
起，希望能創造出更大的經濟／商業利益。在這種追求
利益極大化原則下所產生的全球化，眼中所見的只是國
家與市場力量結盟後所產生的種種商機與利益，對無關
經濟利益的人類災難與苦難往往視若無睹，對追求經濟
效益所帶來人類生活的虛無化與認同的空洞化也是視若
無睹，甚至這種對利益／效益的追求所引發的衝突，還
可能造成人類的災難。也因此，這種「經濟全球化」也
帶來許多人的疑慮，也因此造成對全球化持不同意見者
的衝突與對立，甚至釀成流血事件。

　　「全球倫理」便是在這種對全球化所造成負面效應的批判反思下被提出來的，人們開始希望能跳脫以工具理性／策略理性為運行邏輯的經濟全球化模式，重建一個以人本思想／人道關懷為主的全球化運行模式。在這種思維下，宗教便可以被認為是一個很好的實踐場域，宗教精神背後所代表的人道／人性關懷，可謂與全球倫理所欲提倡的理念不謀而合，而宗教所彰顯的人文道德情懷，更可以大大的擴充全球倫理的理論意涵與實踐層面。

　　當然我們必須承認，宗教間本身由於其歷史、信仰、文化間的差異，不同宗教間很自然的會具有排他性，嚴重時甚至會釀成衝突對立，但是由另一個角度來看，我們更不能忽視的是宗教教義背後所共通的那種對人性的關懷與對生命的重視，那是一種超越差異而允許包容的宗教情懷，也是真正寬廣的宗教慈悲／博愛精神的體現，正因為如此，所以我們可以由人權或人道的觀念範疇下手，從宗教的包容性來引導出全球倫理的概念，以對人類共同生命的關懷與重視當作引導不同宗教間彼此溝通對話的一個橋樑／基礎，同時也使得不同宗教間不再彼此對立或仇視，而能以一個更大的價值體系

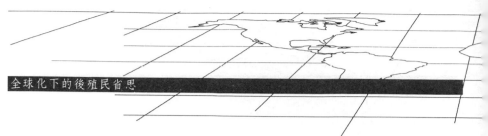

或生命理念來實踐宗教教義中的慈悲／博愛精神。例如
九〇年代初期世界宗教議會的組成，便是希望不同宗教
間可以彼此共享其核心價值，將對人權的關懷、對生命
的關懷，用「尊重、包容、博愛」理念落實到每一個層
面，並以此去對抗／彌補經濟全球化所帶來的弊端。

　　我們也必須點出，全球倫理並不是要訴諸一個大一
統或一體化的價值體系來作爲其背後的論述依據，相反
的，必須要在各種差異性上實踐其普遍性，換言之，並
不是要求一個教條式的規範，而是要求通過對人類的終
極關懷而因時因地的採取適合的行爲，這些關懷包含建
立非暴力且尊重生命的文化，建立眞誠且互相容忍的文
化，建立以公平的經濟秩序爲基礎的團結文化以及建立
男女都可以參與並擁有平等權利的文化。換言之，全球
倫理是在宗教／文化的差異性上求取一個普遍價值精神
的實現，而不是要求表面上的一體化規範，這一點是我
們一定要有的認知。

　　以宗教來做爲全球倫理實踐的場域／載體的同時，
我們必須深刻的體認到，全球倫理不只是一種理念，更
是一種實踐，它不但是一種人類心靈的淨化，也是一種
人類認同的再建構，讓人放下世俗慾念的牽絆，放下已

經被內化成心中行動準則的工具理性／策略理性的計算，重新回到宗教領域尋求對自我價值的認同，而這種認同不是經過利益計算或效益計算來肯定自我的價值，而是重新喚起人的心靈深處對人類生命的關懷，包括對自我生命的關懷。人們重新回到宗教領域去尋找非經濟／市場／工具計算下的人性價值／人性光輝，並且讓人與人之間的互動也不再是一種經濟／工具／策略計算的互動，當人認識到自己與他人都不是可以或應該被當成經濟／工具／策略來看待時，人才能眞正正視自己與他人的存在意義與價值，並且將自己與他人都視爲是一個完整的人，也才能活出生命美好的一面，而在這種認知／情形下形成的全球化，才會是一個互助合作、休戚與共、充滿信心、關懷與希望的全球化。

所以，對現階段經濟全球化發展的批判反思所導引出來的是對全球倫理理念的闡述與重視，特別是當人們將經濟／資本／市場導向的全球化視爲理所當然，而且不自覺的實行它，讓人成爲經濟理性／策略理性宰制下的工具時，我們更需要通過反思與批判來找出自我的意義與價值，同時也走出經濟全球化的迷思。而宗教的力量在其中扮演著重要的角色，宗教對人性的重視與關懷

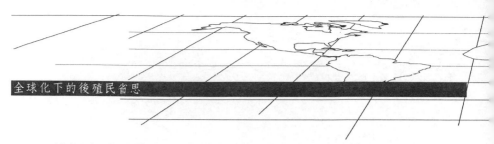

使得它成爲落實全球倫理實踐的載體與重要場域，並且爲人類勾繪出一種全球化世界的圖像。我們相信，通過對經濟全球化的批判反思，以全球倫理爲價值意涵的全球化實踐，必然會在不久的將來到來，爲人類創造出另一種對全球化的期待與滿足。

（原文發表於《宗教人文通訊》創刊號）

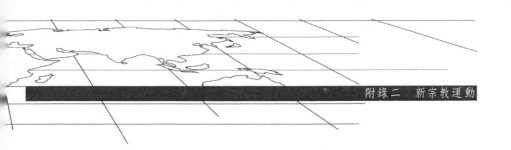

# 附錄二　新宗教運動

　　走過二十世紀，走過那個充滿成就與破壞、紛擾與憂心的時代，我們正處在一個新紀元的起點，眼前出現的是一個充滿期待的時代，是一個充滿創造的時代，我們必須用一個更寬廣的心態來面對、勾勒出我們即將開創的時代圖像：一個充滿光明與希望前景的「新宗教運動」時代。

　　所謂的「新宗教運動」，指的是讓宗教精神與現實生活的實踐結合，讓宗教以一種積極入世的型態，與人類的生活重新結合在一起。這種宗教與生活的結合，不是一種世俗化運動的復甦，也不是讓宗教庸俗化或現實化，而是讓宗教發揮人本精神／人道精神的關懷，用一種人本／人道主義的宗教精神，與人的現實生活相結合，引導人類現實生活朝向脫俗化、去俗化的發展，以「尊重、包容、博愛」作為現實生活實踐的準則，將以往所強調的出世生活或遺世獨立的宗教觀，轉換成更貼近

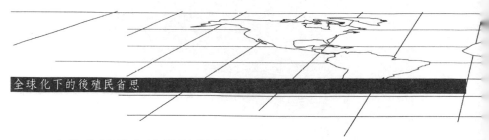

人的生活的人性發揚與宗教情懷，讓人與人、人與自然
之間皆能和諧相處，共創一個充滿「愛與和平」的美好
世界。

「新宗教運動」的出現，不是爲了掀起另一波的宗教
改革，而是爲了促進全人類的精神文明而展開的，是作
爲創造／承接愛與和平的介面而出現的。它的目的在於
從全人類的福祉出發，藉由消除宗教間的紛爭、誤解與
衝突，增進宗教之間的互動交流與對話，來達到以宗教
作爲人類心靈依歸和生活指引的結果。這個過程需要有
承接／傳遞的載體，而世界宗教大學即是以作爲承接／
傳遞的介面而存在的。「新宗教運動」／「世界宗教大
學」所希望成就／建立的，是一種全球公民社會／市民
社會的優質化，讓全球化的精神回到一種人性關懷上，
並且藉此來消除經濟全球化所帶來的負面效應，讓經濟
全球化通過這種人性關懷而眞正成爲人類進步上升的力
量。換言之，我們藉由「新宗教運動」來作爲創造全球
文明的倫理基礎，一種全球倫理精神的體現與建構。

所以，「新宗教運動」所代表的是新時代下對人性
關懷的回歸與重視，是宗教與生活的重新結合，也是宗
教與人性的共同發展，是作爲全球倫理的建構基礎，也

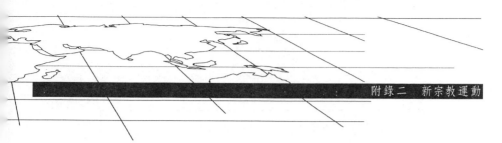

是作爲愛與和平理念落實的具體實踐，讓我們一同努力
吧！


（原文發表於《宗教人文通訊》創刊號）

國家圖書館出版品預行編目資料

全球化下的後殖民省思 ／ 李英明著. -- 初版.
-- 台北市：生智，2003[民 92]
　　面；　公分. --（亞太研究系列；20）
參考書目：面

ISBN 957-818-494-8（平裝）

1.國際關係　2.文化　3.企業管理

578　　　　　　　　　　　　　92003101

全球化下的後殖民省思　　　亞太研究系列 20

著　　　者／李英明
出　　　版／生智文化事業有限公司
發 行 人／林新倫
登 記 證／局版北市業字第 677 號
地　　　址／台北縣深坑鄉北深路 3 段 260 號 8 樓
電　　　話／(02)26647780
傳　　　真／(02)26647633
E-mail／book3@ycrc.com.tw
網址／http：//www.ycrc.com.tw
郵撥帳號／19735365 葉忠賢
印　　　刷／鼎易印刷股份有限公司
初版一刷／2003 年 2 月
初版二刷／2007 年 3 月
定　　　價／新台幣：200 元